경복궁 옆
송현동 살리기

진인진

경복궁 옆 송현동 살리기

초판 1쇄 발행 2014년 9월 15일

엮은이 · 홍성태
발행인 · 김영진
발행처 · 진인진
등 록 · 제25100-2005-000003호
표지디자인 · 배원일
본문 편집 · 배원일
주 소 · 경기도 과천시 별양동 1-14 과천오피스텔 614호
전 화 · 02-507-3077~8
팩 스 · 02-507-3079
홈페이지 · http://www.zininzin.co.kr
이메일 · pub@zininzin.co.kr

ISBN 978-89-6347-193-8 93300

__목 차

머리말

경복궁 동쪽에 위치하고 있으며 북촌의 남서쪽 입구에 해당되는 곳에 1만 평이 넘는 넓은 역사문화공원이 생긴다면 얼마나 좋을까? 그 아래에는 넓은 주차장을 만들어서 경복궁과 북촌을 찾는 차들이 그곳에 주차하게 된다면, 경복궁은 주차장을 없애고 더욱 멋지게 복원될 것이며, 북촌은 차량 공해에서 벗어나서 더욱 멋진 전통 지역으로 보존될 것이다. 서울 종로구 송현동이 바로 이렇게 멋진 꿈을 품고 있는 것이다. 이 땅은 본래 소나무 숲이 울창했던 곳이었으나, 친일 매국노에 의해 찬탈됐으며, 일제의 식산은행으로 넘어갔다가, 다시 미국 대사관으로 넘어갔던 비운의 역사를 안고 있다. 지금 이 땅은 경복궁과 북촌을 위한, 그리고 시민을 위한 큰 희망을 품고 있으나, 재벌과 정부에 의해 다시금 큰 위기를 맞았다.

서울은 한국을 대표하는 도시이다. 서울은 단순히 행정적으로 한국의 수도일 뿐만 아니라 명백히 문화적으로 한국을 대표하는 역사-현대 도시이다. 역사 도시로서 서울의 핵심은 '한양 도성'으로 둘러싸인 곳이다. 서울은 '한양 도성'의 지역이 지난 100여 년 동안 빠르게 확산되어 이루어졌다. '한양 도성'은 역사 도시 서울을 대표하는 역사 유적이며, '한양 도성'의 안은 역사 도시 서울을 대표하는 역사 지역이다. 따라서 역사 도시 서울을 지키는 것의 핵심은 '한양 도성'과 그 안을 지키는 것이다. 이곳은 서울의 문화적 정체성의 핵이므로 이곳이 사라지는 것은 결국 역사 도시 서울이 사라지는 것이다.

현재 '한양 도성'은 1/3이 망실된 상태이고 '한양 도성'의 안도 대단히 많이 변모된 상태이다. 그런 만큼 보존과 복원의 노력이 더욱 더 중요하다. 어렵게 남아 있는 것은 잘 지키고 망가진 것은 가능한 한 되살려야 한다. 과거 없는 현재는 없으며, 현재 없는 미래도 없다. 역사 도시 서울은 우리의 전통적인 공간 문화, 도시 문화를 가장 크고 강렬하게 담고 있는 곳이다. 역사 도시 서울이 사라지는 것은 500년 동안 지켜진 우리의 소중한 역사가 사라지는 것이다. 나아가 역사 도시 서울이 사라지는 것은 길이 전해져야 할 인류의 소중한 문화가 사라지는 것이다.

역사 도시 서울에서 가장 중요한 곳을 꼽으라면 당연히 경복궁을 꼽아야 할 것이다. 경복궁은 500년 동안 이어져 온 조선 왕조의 '정궁' 즉 중심 궁궐이었으며, 그 위치와 형태가 모두 조선의 공간 문화, 건축 문화의 고갱이 중의 고갱이이다. 이 때문에 정부는 오랜 시간에 걸쳐 많은 세금을 들여서 경복궁의 복원을 추진하고 있다. 그런데 경복궁은 그냥 홀로 존재한 것이 아니라 주변의 산과 동네와 어우러져서 존재했으므로 경복궁의 복원은 단순히 경복궁의 복원을 넘어서 그 주변 지역의 보존과 복원을 포함해야 한다. 이 중요한 원칙을 잘 지키는 것이 '선진화'의 핵심 요건이다.

그러나 우리의 현실은 여전히 '선진화'와는 거리가 멀다. 경복궁 옆 송현동이 처한 위기는 그 단적인 예이다. 이 땅은 본래 경복궁에서 쓰이는 소나무를 기르던 곳이었다. 이제 이 땅을 잘 복원해서 경복궁의 복원을 한 단계 더 진척시켜야 할 터인데 한진 재벌이 이 땅에 콘크리트 호텔을 짓겠다고 우기고 있다. 더욱이 이 땅은 덕성여중, 덕성여고, 풍문여고 등과 이어져 있어서 호텔을 지을 수 없는 곳인데 한진 재벌은 대법원의 판결도 무시하고 이명박 정부와 박근혜 정부를 내세워서 호텔을 지으려고 한다. 그 결과 서울의 역사는 물론이고 이 나라의 교육이 모두 큰 위기 속으로 빠져들고 있다.

많은 전문가와 시민들이 오래 전부터 송현동의 보존과 복원을 요청해 왔다. '선진화'를 위해 이 당연한 요청이 하루빨리 이루어져야 한다. 이명박-박근혜-새누리 정부가 원칙을 지키지 않고 탐욕의 비리를 막지 않아 '세월호 대참사'가 빚어졌다. 우리의 역사와 교육을 지키기 위해, 우리 자신과 아이들을 지키기 위해, 송현동을 그릇된 탐욕의 비리에서 지켜야 한다. '규제는 암'이라는 희대의 망언을 내걸고 탐욕의 비리가 쓰나미처럼 밀려오고 있다. 가만히 있으면 안 된다. 시민의 손으로 송현동을 지켜야 한다. 송현동을 지키는 것은 경복궁을 지키고 교육을 지키는 것이다.

그런데 참으로 놀라운 일이 벌어지고 있다. 박근혜 정부와 새누리당은 대법원의 판결도 무시하고 '학교보건법'을 무력화해서 한진 재벌이 경복궁의 옆이자 덕성여중, 덕성여고, 풍문여고로 둘러싸인 송현동에 호텔을 지을 수 있도록 하려다가 계속 여의치 않자 교육부의 훈령을 고쳐서 '학교보건법'과 대법원 판결을 모두 무시하고 한진 재벌이 호텔을 지을 수 있도록 하는 황당한 방안을 강행하고 있다. 여기에 '입지규제 최소지구'라는 것도 도입해서 송현동을 망치려고 한다. 송현동을 지키는 것은 송현동을 넘어서 서울을 지키는 것이고, 이 나라의 역사와 교육을 지키는 것이고, 이 나라의 헌법과 법을 지키는 것이 되었다. 한진 재벌을 위해 이 모든 것을 망치려는 박근혜 정부와 새누리당의 문제를 직시해야 한다.

이 책은 그릇된 탐욕의 비리를 막고 송현동을 지키기 위한 노력의 산물이다. 새정치민주연합의 종로구 국회의원인 정세균 의원, 한국을 대표하는 김원 건축가, 열정적인 건축사학자 안창모 경기도 건축대학원 교수, 문화재를 지키기 위해 애쓰고 있는 황평우 한국문화유산정책연구소 소장, 고고학과 역사문화 전문출판사 진인진 등의 노력이 모여서 이 책을 출판할 수 있게 되었다. 아무쪼록 이 책이 널리 읽혀 많은 시민들이 송현동 지키기에 나서게 되기를 바란다. 그 결과 우리 자신과 아이들을 위해 송현동이 역사문화의 땅으로 거듭날 수 있기를 간절히 바란다. 시민들이 아이들과 함께 경복궁, 현대 미술관, 북촌을 둘러보고 송현동의 솔숲 공원에서 인왕과 백악을 바라보며 느긋이 거닐 수 있다면 얼마나 좋겠는가?

2014년 9월 10일
서울 구기동에서

홍성태

왜 송현동인가

새정치민주연합 종로구 국회의원 정세균

내가 그 이름을 불러주기 전에는
그는 다만
하나의 몸짓에 지나지 않았다.

내가 그의 이름을 불러주었을 때
그는 나에게로 와서
꽃이 되었다.

- 김춘수 「꽃」 중에서

김춘수 시인의 「꽃」이라는 작품은 어떠한 대상이 나에게 의미 있는 존재가 되기 위해서는 '이름 불러주기'와 같은 주체의 능동적인 행위가 수반되어야 한다는 사실을 간결하면서도 명확히 드러내주고 있다.

사람과 공간의 관계를 다루는 건축학이나 도시공학에서도 객관적이고 물리적 대상인 '공간'에 인간의 주관적 가치와 활동이 결부될 때 비로소 '장소'라는 의미가 형성되는 것으로 정의하고 있다. 이렇게 어떤 물리적 실체를 가진 공간이 개인적, 사회적 의미로서의 '장소성'을 획득할 때 그 공간은 비로소 인간에게 가치와 의미를 지닌 실존적 존재로서 자리 잡게 되는 것이다.

한강의 기적으로 상징되는 산업화와 개발의 시대에 우리 사회는 장소의 역사적 문화적 맥락을 배제한 채 건축물과 도시계획의 실용성만을 강조해 왔다. 서울을 비롯한 전국의 주요 도시들이 세계적으로도 유래를 찾기 힘들 정도로 회색빛 아파트 숲으로 변모하게 된 배경이다. 세월호 사태가 그렇듯 우리가 살아가는 마천루의 밑바닥에는 물신주의와 목표지상주의가 낳은 거대한 '싱크홀'이 도사리고 있는 것이다.

이 대목에서 왜 송현동인가라는 질문을 꺼내지 않을 수 없다. 우리는 지금 무슨 까닭으로 송현동에 주목해야 하고 이곳을 살려야 하는가? 국민 안전이라는 차원에서 세월호 참사가 그 이전과 이후를 가르는 중요한 변곡점이라 한다면 문화의 관점에서 볼 때 송현동은 바로 대한민국의 과거와 미래를 가르는 시금석이 될 것이다. 송현동을 상업주의적 개발의 관점에서 호텔을 지을 것인가 아니면 역화 문화적 관점을 살린 공공개발을 할 것인가라는 선택지 가운데서 우리가 어떠한 결정을 내리느냐에 따라 대한민국이 후기 개발연대의 연장선에 있는 사회로 남아있게 될지 아니면 탈 개발의 선언과 함께 문화의 시대를 여는 새로운 출발점에 서 있는지가 분명하게 드러나게 될 것이기 때문이다.

좀 더 구체적으로 들어가 보자. 우선 역사문화적 관점에서 보면 송현동은 경복궁과 북촌마을, 창덕궁과 종묘로 이어지는 동서 역사벨트의 중심에 놓여 있다. 또한 남북으로는 인사동에서 서울시립미술관을 지나 삼청동으로 이어지는 문화벨트가 지나는 교차로의 중심이다. 이러한 대한민국 역사와 문화의 중심지에 호텔을 세워야 한다는 주장은 문화적 상상력의 빈곤이자 역사에 대한 무지를 드러낼 뿐이다. 그렇다고 해서 우리가 개발 자체를 반대하는 것은 아니다. 잘못된 개발, 자본의 탐욕만을 채우는 난개발을 반대하고 바로잡자는 것이지 송현동의 '장소성'을 지켜내는 바람직한 개발까지 막고자 하는 것이 아님을 분명히 하고자 한다.

다음으로 교육적 관점에서 보면, 송현동은 인근에 덕성여중고와 풍문여고와 지리적으로 인접해 있는 곳이다. 특히 덕성여중과는 담장 하나를 사이에 두고 있어 사실상 붙어있는 공간이다. 예로부터 우리사회는 아이들을 가르치는 일을 매우 중요시해왔다. '맹모삼천지교'라는 고사를 굳이 언급하지 않더라도 올바른 교육환경 조성을 다른 사회적 편익보다 우선시 해 온 사회다. 때문에 우리 법은 학교 인근에 교육환경을 해치는 유해시설에 대해 다소 엄격한 기준을 적용해온 것이 사실이다. 감수성이 예민한 학생들에게 교실 창밖으로 내다보이는 호텔이 긍정적 존재로 기능하지 않으리란 점은 명약관화한 일이기 때문이다.

1967년 제정되어 현재에 이르고 있는 『학교보건법』은 학교의 경계선에서 200m 이내를 학교환경위생정화구역으로 설정하고, 특히 학교 출입문으로부터 직선거리 50미터 이내를 절대정화구역으로 지정하여 유해시설의 설치를 엄격히 금지해왔다. 절대정화구역 밖 즉 학교경계선으로부터 50미터에서 200미터 사이의 상대정화구역 내에 유해시설을 설치하려고 할 경우 법에 따라 구성되는 학교환경위생정화위원회의 승인을 받아 설치를 허용해주고 있다. 이는 학생들의 학습권과 사유재산권의 충돌을 막는 완충역할을 해 온 것이고 지난 수년간 허용율이 60%가 넘었다는 점에 비춰보면 현행법이 사유재산을 과도하게 침해하고 있다는 일각의 논리는 설득력이 없다. 이미 헌법재판소에서도 학교보건법의 해당 조항이 "비례의 원칙을 위반하여 직업수행의 자유와 재산권을 침해하지 않는다"고 판시한 바도 있다.

세 번째로 법제도적 차원에서 살펴볼 수 있다. 송현동에 자칭 7성급 호텔을 건립하겠다는 대한항공의 계획은 학교환경위생정화위원회의 지지를 받지 못했다. 이에 불복한 대한항공은 소송을 제기했고, 1심과 2심에 이어 대법원까지 모두 패소한 바 있다. 그러나 정부는 법률로써 금지하고 있는 학교 앞 호텔건립을 '규제개혁'이란 미명하에 우회로를 찾기 위해 안간힘을 쓰고 있다. 문화체육관광부는 외래관광객 1000만 시대라는 그럴듯한 명분을 내걸고 『관광진흥법』 개정을 통해 학교보건법의 무력화를 시도하고 있고, 학습권 보호에 앞장서야 할 교육부마저 자체 훈령을 개정하여 호텔건립을 돕겠다고 팔을 걷어 부치고 있는 안타까운 현실이다. 게다가 교육부가 훈령을 통해 업체에 사업계획을 설명할 기회를 준 것은 상위법인 학교보건법의 취지와도 맞지 않고 시행령과도 충돌한다는 점에서 법을 지켜야 할 정부가 거꾸로 법률의 근간을 흔드는 어처구니없는 일이 벌어지고 있는 것이다.

마지막으로 정부의 표리부동을 지적하지 않을 수 없다. 박근혜 정부는 문화융성을 4대 국정기조의 하나로 삼고 문화재정 2% 달성을 주요공약으로 내놓을 정도로 문화의 중요성을 강조해왔다. 그러나 진정한 문화융성은 예산이 아니라 철학에서 출발해야 한다는 점을 간과하는 우를 범하고 있다. 그 단적인 예가 바로 송현동 문제다. 이미 고도(古都)를 가진 수많은 선진국들은 자국의 역사 문화적 정체성을 유지하기 위해 무분별한 난개발을 막아왔다. 외래 관광객이 한국에 와서 찾고자 하는 것은 화려한 현대식 건물과 번듯한 호텔이 아니고 한국만이 갖고 있는 문화적 정체성을 드러내 주는 장소다. 우리 국민들조차 외면하는 좁고 오래된 골목길을 외국인들은 길을 물어 찾아오는 이유가 무엇인지 우리 정부는 직시해야 한다.

혹자는 묻는다. 당신이 학교 앞 호텔을 반대하는 것은 지역주민의 표를 얻으려고 하기 때문이 아닌가라고. 그러나 학교 앞 호텔 문제는 종로라는 특정 지역만의 문제가 아니다. 서울이 그렇고 수도권이 그렇고 저 멀리 부산과 제주에서도 제2, 제3의 송현동과 같은 논란이 벌어지고 있다. 지금 용산 주민들이 상대정화구역 밖에 설치된 경마장 문제로 집단행동에 나서고 있는 이유를 살펴야 한다. 법이란 한번 고쳐지고 나면 되돌리기 어렵다는 점에서 잘못된 법은 막아야 한다. 그것이 헌법기관으로서 입법권을 가진 국회의원의 책무라 믿는다.

지난 해 가을, 송현동 부지가 내려다보이는 출판문화회관 강당에서 '송현 살리기, 서울 살리기'를 주제로 토론회를 개최한 바 있다. 참석자들 모두가 '잊혀진 장소' 송현동을 뒤덮은 무성한 수풀을 바라보며 진심으로 이곳이 대한민국 서울을 대표하는 역사 문화 공간으로 탈바꿈하기를 염원했다. 두 달 뒤 송현동과 우리 문화의 미래를 걱정하는 몇몇 분들과 직접 답사를 하면서 생각은 더 또렷해졌다.

이 책은 그러한 노력의 산물이자 연장선이다. 당시 토론회의 주제발표를 맡았던 홍성태 상지대 교수를 주축으로 함께 답사를 다녀온 원로 건축가 김원 선생 그리고 새로 집필에 참여해주신 뛰어난 건축사가 안창모 경기대 교수와 대한민국 문화지킴이 황평우 한국문화유산정책연구소장, 학부모를 대변하여 교육운동에 헌신해왔던 김명신 전 서울시 의원의 노력이 더해져 귀한 책을 엮을 수 있게 되었다. 특별히 도서출판 진인진의 김태진 부장의 우리 문화에 대한 열정이 없었다면 이 책은 세상의 빛을 보기 어려웠을 것이다. 바쁜 시간을 쪼개어 옥고를 보내주신 여러 집필자분들의 노고와 이윤이라는 눈앞의 이익 대신 긴 안목으로 문화의 가치를 선택한 진인진의 높은 뜻에 감사와 경의의 마음을 전한다.

백범 김구 선생은 일제의 탄압 속에서도 "오직 한없이 가지고 싶은 것은 문화의 힘"이라고 강조한 바 있다. 주권을 빼앗긴 조국의 독립을 위해 온 몸을 불사르면서도 독립된 조국의 미래상을 문화국가로 그려내고자 했던 백범 선생의 숭고한 이상을 이 땅의 위정자들은 곱씹어봐야 할 것이다.

송현동을 지키는 것은 서울의 정체성을 지키는 것이고 대한민국의 역사와 문화 그리고 우리 아이들의 미래를 지키는 것임을 다시 한 번 되새기며 지금 우리가 부르는 송현의 이름이 후대에 부끄럽지 않을 이름이 되길 간절히 기원해 본다.

2014년 9월

한강이 바라다 보이는 너섬에서

송현동의
가치와 발전 방향

홍성태(상지대학교 문화콘텐츠학과 교수)

목 차

송현동의 공간 정치

서울은 한국의 공간적 중심이고 종로는 서울의 공간적 중심이다. 정치적인 면에서뿐만 아니라 역사적인 면에서도 그렇다. 사실 여기서 더 중요한 것은 역사적인 면이다. 역사는 도시의 공간적 정체성의 근간을 이루기 때문이다. 도시의 곳곳에 새겨진 역사를 없애는 것은 세계 어디에도 없는 그 도시만의 공간적 정체성을 없애는 것이다. 그것은 결국 그 도시만의 가치를 없애는 것이다. 도시의 역사를 지키는 것은 도시의 가치를 지키는 것이다(홍성태, 2012). 이런 도시의 역사와 가치라는 관점에서 종로는 대단히 중요하다. 종로를 지키는 것은 서울의 핵심을 지키는 것이다.

흔히 서울을 '600년 역사도시'라고 한다. 이 역사가 서울의 공간적 정체성의 근간이며, 이것을 가장 잘 간직하고 있는 곳이 종로 지역이다*. 종로는 조선시대부터 서울의 중심이었다. 종로에는 궁궐뿐만 아니라 옛 주거와 골목이 많이 남아 있다. 종로에서 가장 중요한 곳은 바로 경복궁과 창덕궁 사이의 '북촌'이다. 경복궁의 바로 옆에 있는 송현동은 북촌의 서남쪽 진입부에 해당된다. 지금 송현동은 거의 대부분 '빈 땅'이다. 그 '빈 땅'의 넓이가 1만 평3만6천642㎡을 넘는다. 이곳의 변화에 따라 종로의 상태가, 나아가 서울의 상태가 크게 발전하거나 퇴락할 수 있다.

본래 서울은 네 개의 산(백악, 목멱, 인왕, 타락)에 의지해 건설된 '생태도시'였으며, 네 개의 산을 잇는 18km 길이의 성벽으로 둘러싸인 '성곽도시'였다**. 세계적으로 아름다운 '생태도시'이자 '성곽도시'였던 서울은 일제와 독재를 거치며 대대적으로 망가지

---

* 종로는 서울 도성 안의 동서로 놓여 있는 길 이름이지만, 이 길로 대표되는 도성 안의 지역을 뜻하기도 한다. 이 글에서 '종로'는 뒤의 의미이다.

** 서울시는 '한양도성'을 유네스코 세계문화유산으로 등재하기 위해 애쓰고 있다. 그러나 '한양도성'은 1/3이 유실된 상태이다. 박정희 독재 때부터 시작된 복원사업은 상당히 엉터리로 진행되었고, 동대문 디자인 플라자 건축으로 동대문 옆 이간수문 구간이 훼손되었고 상당한 구간에서 일반 건물의 담장이나 축대로 사용되고 있으며, 잘 보전된 인왕-백악 구간은 군부대의 각종 시설이 점거하여 훼손하고 있다. 이 때문에 '한양도성'의 유네스코 세계문화유산 등재는 대단히 큰 노력이 필요하다.

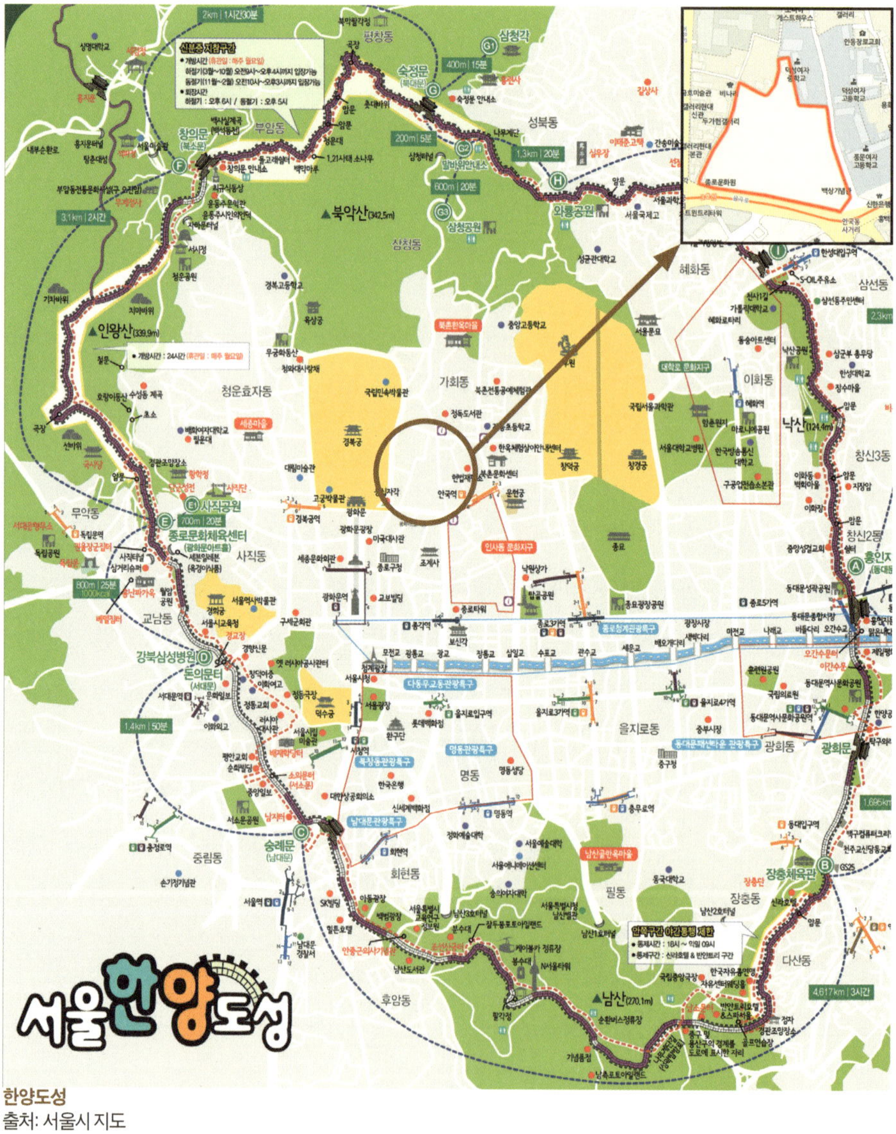

한양도성
출처: 서울시 지도

고 말았다. 천박한 정치와 경제의 지배 속에 서울은 그 우아한 문화를 크게 잃고 말았던 것이다. 서울이 진정 세계적인 문화도시로 거듭나려면 자연과 역사를 기준으로 서울의 문제를 파악하고 개혁을 추구해야 한다(김원, 1999; 정기용, 2008ㄱ; 홍성태, 2005).

종로의 송현동은 서울의 진정한 선진화를 위해 관건적인 의미를 갖고 있는 곳이다. 이런 점에서 우리는 지금 송현동에서 벌어지고 있는 '공간정치'에 크게 주목해야 한다*. 이곳은 경복궁 옆이자 북촌의 입구로서 무엇보다 그 역사성을 살리는 곳이 되어야 하며, 재벌의 사익이 아니라 시민의 공익을 위한 곳이 되어야 한다. 현재 송현동은 학교들과 인접해 있어서 결코 호텔이 들어설 수 없는 곳이다. 그런데 지금 이곳을 소유하고 있는 한진 재벌은 대법원 판결도 거부하고 한사코 호텔을 짓겠다고 한다. 한진 재벌은 법을 무시하고 대법원의 판결을 무시하고 송현동에서 해서는 안 되는 개발을 강행하며 역사, 교육, 시민의 공익을 위협하고 있는 것이다.

한진의 송현동 개발 계획의 문제

송현동의 소유권 변화

송현동이라는 지명은 본래 이곳에 있던 소나무 숲 언덕에서 유래됐다. 지금의 안국동 네거리에서 삼청동 네거리로 넘어가는 율곡로 구간은 낮은 언덕 지역인데 조선시대에 이곳은 소나무 숲이어서 '소나무 언덕'이라는 뜻의 '송현松峴'이라는 지명이 붙게 됐다. 지금의 송현동은 미 대사관 직원 숙소 터가 대부분을 차지하고 있으며, 이 터의 북쪽 담장에 덕성여자중학교가 바로 붙어 있다. 조선 말의 부유한 세도

---

* 송현동에서 전개되고 있는 '공간정치'는 재벌이 실질적 지배력을 행사하는 '재벌국가'의 문제를 아주 잘 보여준다. 한진 재벌은 송현동에 호텔을 짓기 위해 대통령, 정부 부서, 새누리당 등을 모두 동원한 정치를 펼치고 있다.

가였으며 대표적인 친일 매국노가 되었던 윤덕영·윤택영 형제*가 이 땅의 대부분을 소유하고 있었다. 조선이 망한 뒤 일제의 식산은행**이 이 땅을 매입해서 직원들의 숙소를 지었고, 해방 뒤에는 미국 정부가 한국 정부로부터 이 땅을 넘겨받아 소유하면서 미국 대사관 직원의 숙소를 지었다.

여기서 미국 정부가 이 땅을 소유하게 된 과정을 좀 더 살펴볼 필요가 있다. 1948년 8월 15일 한국 정부가 수립되고 외국 정부와 맺은 조약 제1호는 「대한민국 정부 및 미국 정부 간의 재정 및 재산에 관한 최초협정」이었다(안치용, 2012). 1948년 9월 11일 서울에서 체결된 이 조약의 제9조 라항은 "대한민국 정부는 본조 조건하에 미국 정부가 상호 협정으로써 취득할 수 있는 재산의 소유권을 미국 정부의 요구에 응하여 양도함"이라고 규정해서 한국 정부는 미국 정부가 원하는 재산의 소유권을 협정가격으로 양도하도록 했다. 이 협정의 '보충'에서는 미국이 원하는 7건의 부동산이 제시되었는데 6

---

* "윤덕영(尹德榮, 1873~1940)은 조선과 대한제국의 관료로 본관은 해평이다. 대한제국 제2대 황제였던 순종의 두 번째 황후인 순정효황후의 백부이다. 또 순종의 장인인 해풍부원군 윤택영의 형으로, 일제 강점기에 조선 귀족 작위를 받았다.…이토 히로부미가 안중근의 저격으로 사망하자 이완용 등과 함께 장충단에서 이토 추도회를 열었다. 대한제국 융희 4년인 서기 1910년 한일 병합 조약 체결 때에는 윤택영, 민병석과 함께 대궐 안의 반대를 무마하면서 고종과 순종을 협박하고 국새를 빼앗는 따위의 방법으로 늑약 체결에 가담하여 일본제국으로부터 훈1등 자작(子爵) 작위를 받았다.…영친왕의 결혼식을 나흘 앞두고 고종이 갑자기 사망하였는데, 소문으로 떠돌던 고종 독살설에서 윤덕영은 고종을 독살한 인물로 의심받고 있다"(위키백과, '윤덕영).

"윤택영(尹澤榮, 1876~1935)은 조선의 문신이자 정치인이며 대한제국의 관료, 일제강점기의 조선 귀족이었다. 조선 순종의 장인이다. 조선의 마지막 부원군이나 정작 사위인 순종보다는 두 살 어렸다.…1910년 10월 16일 일본 정부로부터 후작 작위를 받았다가 채무 관계로 파산 선고를 받아 1928년 불명예 실작하였다. 이후 후작 작위는 회복되었고 윤택영 사후에 차남 윤의섭이 습작했다. 윤택영은 헤픈 씀씀이로 부채를 쌓아 '채무왕(債務王)', '차금대왕(借金大王)'으로 불렸고, 1920년 아들 윤홍섭과 함께 베이징으로 달아나 그곳에서 사망했다. 한편 아들 윤홍섭은 일본 유학 중 만난 신익희, 김성수, 장덕수 등과 꾸준히 연락하며 독립운동에 투신하였고 창씨개명도 거부하였다"(위키백과, '윤택영).

윤덕영은 서울 옥인동에 큰 한옥과 멋진 별장(벽수산장)을 짓고 살았는데, 그 집과 터를 보존하는 것이 이미 오래전부터 중요한 문화적 과제로 제기되었다. 또한 윤덕영의 딸과 사위도 옥인동에 벽수산장과 구름다리로 연결된 멋진 양옥을 짓고 살았는데 이 양옥은 1972년에 박노수 화백이 구입해서 살다가 서울시에 작품과 함께 기증해서 2011년부터 '박노수미술관'으로 공개되고 있다(김유경, 2012).

** "조선총독부의 산업정책을 금융 측면에서 뒷받침했던 핵심 기관 중 하나이다. 1918년 10월에 대한제국 말기에 설립된 한성농공은행 등 농공은행 6개를 합병해 설립되었으며 일본 제국의 식민지 경제 지배에서 동양척식주식회사와 함께 중요한 축이 되었다. 1920년부터 1934년까지 실시된 산미증식계획에서 자금 공급을 담당하는 기관으로서의 역할을 했다. 중일전쟁 이후로는 약 8년 동안의 전시체제 속에서 채권 발행과 강제 저축을 통해 조선의 자금을 흡수하여 일본 정부와 전쟁 수행을 위한 군수산업 부문에 이를 공급하는 역할을 담당했다"(위키백과, '조선식산은행').

번째가 바로 송현동 땅과 그곳에 있던 건물들이었다*. 이렇듯 협정을 통해 한국 정부가 미국 정부에 이 땅과 건물들을 양도했지만 이것은 일방적이고 불평등한 양도였다**. 미국 정부는 1970년대 말부터 보안 문제 때문에 미국 대사관의 이전을 추진했으며, 이와 함께 미국 대사관 직원 숙소 터의 매각을 추진했다. 1984년 10월 미국 정부와 한국 정부는 을지로의 미국 문화원 건물***과 부지를 정동의 미국 대사관저에 붙어 있는 경기여고 부지와 맞교환하기로 합의했다. 미국 정부는 정동의 미국 대사관저와 경기여고 부지에 새로 미국 대사관, 대사관저, 대사관 직원 숙소 등을 지으려고 했다****. 그리고 미국 정부는 이 건축에 필요한 건축비를 마련하기 위해 1997년 8월 송현동 땅을 삼성생명에게 1400억 원에 팔았다. 그러나 1997년 12월 외환위기로 달러화가 급등하자 삼성생명은 200억 원의 계약금을 포기하고 계약을 파기했다. 그러나 삼성생명은 다시 이 땅의 매입을 추진해서 결국 2000년 2월 미국 정부는 삼성생명에게 이 땅을 1400억 원에 팔았다(조한, 2012).

삼성생명은 송현동의 미국 대사관 직원 숙소 터에 미술관을 주축으로 하는 '복합문화시설'을 지으려고 했으나 주변에 학교들이 있고 경복궁을 비롯한 문화재들이 있어서 그 계획을 포기했다. 이 땅은 주변에 덕성여중, 덕성여고, 풍문여고 등의 학교들이 밀집해 있을 뿐만 아니라 경복궁의 바로 옆에 위치한 곳으로서 교육적·역사적 중요성이 대단히 큰 곳이다. 이런 곳에 '복합문화시설'을 짓는 것은 당연히 잘못이고, 법적

---

* 조약은 '국가법령정보센터' 홈페이지에서 볼 수 있다. "(바) 전군정청 제2지구전부 급 기대지상에 있는, 약 43동의 가옥 급 기타 건물 차는, 차지역에 있는 식산은행 소유재산 전부를 포함함. 송현동 49의 1 전부. 사간동의 96, 97의 2, 98, 99, 102, 103의 1, 104의 1, 급 104의 2, 급 기대지상의 기타 건물 약 9, 915평."

** 건축가 김원이 지적하고 있듯이, 이 땅은 애초에 미국 정부의 편의를 위해 제공된 것이니 미국 정부는 이 땅을 기업에게 매각하는 것이 아니라 한국 정부에 매각해서 '반환'했어야 했다.

*** 현재 서울시청 을지로 별관이고, 등록문화재 제238호이다. 이 건물은 1938년에 미쓰이물산 경성 지점으로 지어졌고, 1948년 미국이 무상 양도받았다.

**** 2002년 미국 정부는 건축가 마이클 그레이브스의 설계로 건축을 강행하려 했으나, 이곳은 덕수궁 터여서 한국 시민단체들의 강력한 반대에 부딪혔고 결국 용산 미군기지 한쪽에 12층 높이로 짓기로 했다. 그러나 이렇게 옮기는 대가로 미국 정부가 사용하는 땅의 면적은 약 3만 평 정도로 원래 정동에서 사용하려고 했던 땅의 3배 정도로 넓어졌다.

으로 당연히 지을 수 없다. 그 결과 삼성생명은 2008년 6월 이 땅을 대한항공(한진재벌)에 2900억 원에 팔았다. 그런데 대한항공은 삼성생명이 추진했던 '복합문화시설' 계획보다 훨씬 더 문제가 큰 호텔 건축 계획을 강행하고 있다.

한진의 송현동 개발 계획

대한항공은 송현동 땅에 지상 4층, 지하 4층의 '7성급 호텔'을 짓겠다고 한다. 그리고 주변과 어울리게 한옥형 호텔을 짓겠다고 한다. 그러나 이 땅은 애초에 호텔을 지어서는 안 되는 곳이다. 아무리 최고급 한옥형 호텔이라고 해도 마찬가지이다. 경복궁 바로 옆에 호텔이 들어서면 경복궁의 가치를 크게 훼손하게 될 것이며, 북촌 서남쪽 입구의 교통을 더욱 심하게 악화시킬 것이고, 보도변 상가를 조성하게 되면 북촌의 정취가 크게 망가지고 말 것이다*. 대한항공이 제시하는 최고급 한옥형 호텔이라는 것은 호텔을 지을 수 없는 곳에 호텔을 짓기 위한 책략의 산물일 뿐이다. 대한항공의 송현동 호텔 건축 계획은 그야말로 모든 면에서 큰 문제를 안고 있다.

대한한공이 짓겠다는 한옥형 호텔의 실체는 과연 어떤 것인가? 2014년 4월 16일에 열린 토론회에서 건축가 김원은 그 실체를 공개했다. 이에 따르면 한옥은 달랑 작은 건물 한 채이고, 모든 공간을 상자형 양식 건물이 가득 채우고, 거리는 복잡한 상가로 바뀌게 되어 있다. 대한항공이 한옥형 호텔을 짓겠다고 하는 것은 분명히 사람들을 속이는 것이다. 대한항공은 경복궁과 북촌의 역사성을 대대적으로 파괴할 호텔을 지으려 하고 있다.

가장 큰 문제는 대한항공의 송현동 호텔 건축 계획이 사실상 정부를 동원해서 법을

---

* 대한항공이 송현동에 짓겠다는 호텔은 150실 정도의 규모밖에 되지 않는다. 이 정도의 작은 규모로 어떻게 수익을 거두겠다는 것인가? 대한항공은 다른 목적으로 송현동에 호텔을 지으려고 하는 것이 아닌가? 실제로 대한항공이 노리는 것은 거리 상가를 포함한 대규모 고가품 상가로 추정된다.

무력화하는 방식으로 강행되고 있다는 점이다. 이른바 '재벌국가'의 문제를 실감하게 하는 또 하나의 사례인 것이다(홍성태, 2009). 재벌국가는 재벌이 경제는 물론 정치도 지배하는 국가를 뜻한다. 재벌은 막대한 재산을 온갖 탈법과 편법으로 세습하며, 그 재산으로 경제와 정치를 사실상 지배하는 한국 사회의 진정한 지배주체이다.

한진 재벌은 법을 무시하는 방식으로 송현동 호텔 건축을 강행하고 있다. 대한항공의 송현동 호텔 건축 계획은 무엇보다 먼저 「학교보건법」을 정면으로 위배하는 것이다. 「학교보건법」에 따르면, 학교 출입문으로부터 50m 이내('절대정화구역')에 호텔을 짓지 못하도록 하고 있으며, 학교 경계선으로부터 200m 이내('상대정화구역')는 학교환경위생위원회의 심의를 거치도록 하고 있다. 송현동 땅의 일부는 '절대정화구역'에 해당되며 '상대정화구역'에 대해서는 심의에서 거부되었다. 그러자 대한항공은 황당하게도 소송을 제기했으나 당연히 대법원까지 세 차례 소송에서 모두 패소했다. 그러나 대한항공은 놀랍게도 여기서 물러나지 않고 '헌법 소원'을 제기했다. 한진 재벌은 「학교보건법」도 '대법원'도 다 무의미한 것으로 여기고 있는 것이다.

가장 놀라운 것은 이명박 정부의 행태였다*. 문화체육관광부와 국토해양부가 나서서 대한항공의 잘못된 계획을 지지했으며, 특히 문화체육관광부는 2심 재판이 진행되고 있던 2011년 6월 명백히 대한항공을 위한 '관광진흥법 일부개정안'을 국회에 제출했다. 당시 이 개정안은 다행히 민주당의 적극적인 노력으로 폐기됐다. 그런데 이명박 정부에 이은 박근혜 정부의 행태는 사실 더욱 더 놀랍다. 문화체육관광부는 정권이 바뀐 뒤인 2013년 6월 또다시 '관광진흥법 일부개정안'을 국회에 제출했다**. 이런 상태에서 2013년 8월 28일 청와대에서 열린 대통령과 재계의 간담회에 참석한 한진 재벌

* 오세훈도 서울시장 재임 시 이 잘못된 계획을 적극 지원했다. "2009년 국정감사 때 오세훈 전 서울시장은 '서울에 한옥호텔을 짓겠다는 민간업체가 있어 이를 긍정적으로 검토하고 있다'고 밝혔습니다. 또한 궁궐 바로 옆에 한옥호텔이 들어오면 서울을 대표하는 랜드마크로서 홍보효과도 있을 뿐 아니라 정상회의나 해외 귀빈 초청 행사에도 효용가치가 높다고 주장했었습니다"(조한, 2012).

** 그 내용은 「관광진흥법」에 '16조의 6항'을 신설해서 "유흥시설, 사행행위장 또는 미풍양속을 해치는 부대시설이 없는 관광숙박시설에 한해 '학교환경위생정화구역' 내에 설치를 허용(절대정화구역 포함)"하는 것이다(정세균 의원실, 2013).

재계의 요구
출처: 『한국일보』, 2013년 8월 30일.

의 조양호 회장은 노골적으로 법 개정을 통해 송현동에 호텔을 지을 수 있게 해달라고 '건의'했다(『한국일보』, 2013년 8월 30일). 한진 재벌은 아예 대통령을 로비의 수단으로 여기는 것이다.

이렇듯 황당할 정도의 무리한 방식으로 강행되고 있는 대한항공의 송현동 개발 계획은 여러 문제들을 지니고 있다. 그것은 크게 다음과 같은 네 가지로 정리될 수 있다.

첫째, 교육적 문제이다. 송현동 땅 옆에는 덕성여중, 덕성여고, 풍문여고 등의 학교들이 밀집해 있다. 이런 곳에 호텔을 짓는다는 것은 교육과 학교의 중요성을 무시하는 것이다. 한진 재벌의 송현동 호텔 건축 계획은 명백히 반교육적 계획이다. 둘째, 법률적 문제이다. 현행법으로 당연히 허용되지 않는다는 사실이 대법원에서도 명확히 확인됐으나 한진 재벌은 '헌법 소원'을 제기한 것은 물론이고 아예 문화체육관광부와 새누리당을 통한 법의 개정을 추진해서 법의 안정성 자체를 위협하고 있다. 셋째, 역사적 문제이다. 송현동 땅에서는 많은 유적과 유물이 발굴됐다. 더욱이 송현동 땅 옆에는 경복궁은 물론이고 광화당, 종친부, 사간원, 소격서, 감고당, 별궁 등 중요한 유적들이 산재해 있다. 이런 곳에 호텔을 짓는다는 것은 우리의 소중한 역사를 무시하는 것이다. 넷째, 반공익 문제이다. 송현동 땅은 교육과 역사의 면으로만 보더라도 커다란 공익의 가치를 지니고 있다. 이런 곳에 호텔을 짓는 것은 시민의 공익을 무시하고 재벌의 사익을 최대한 추구하는 것이다.

송현동의 위치와 가치

송현동의 위치

대한항공의 송현동 호텔 건축 계획은 「학교보건법」을 정면으로 어기는 불법 사업 계획이다. 「학교보건법」은 학교 근처에 호텔이 들어서지 못하도록 규정하고 있다. 그러나 대한항공은 대법원까지 3심에서 패소하고도 계속 호텔의 건축을 강행하고 있다. 여기에 심지어 교육부도 본격 가세했다. 그리고 문화체육관광부는 「학교보건법」을 무력화하기 위해 「관광진흥법」을 개악하려는 시도를 계속 강행하고 있다. 문화체육관광부와 교육부는 대한민국의 정부기관이 아니라 대한항공의 대리기관인가? 문화체육관광부와 교육부의 「학교보건법」 개악 시도가 성공하면 「학교보건법」이 무력화되어 학교 주변 환경이 초토화되고 말 것이다*. 이 점에서 송현동을 지키는 것은 대단히 중요하다. 그런데 이러한 교육적 차원을 넘어서 공익을 위한 송현동의 공간적 가치는 대단히 크다.

송현동이 어떻게 변해야 하는가를 논하기에 앞서 송현동의 가치에 대해 가능한 상세히 살펴볼 필요가 있다. 물론 여기서의 가치는 돈으로 환산되고 교환되는 경제적 가치가 아니라 그렇게 될 수 없는 문화적 가치를 뜻한다. 오늘날 우리는 '문화의 시대'를 살고 있다. 경제도 문화를 무시하고 훼손하는 것이 아니라 문화를 존중하고 보호하는 것으로 바뀌지 않으면 안 된다**. 그러나 한국에서는 여전히 문화가 제대로 존중되고 보호받지 못하

---

* 이러한 심각한 반교육적 상황에 교육부는 적극적으로 대처하지 않고 있다. 한진 재벌의 위력이 이토록 막강한가? 재벌은 나라의 백년지대계인 교육조차 자신의 이익을 위해 위협할 정도로 사악한가?

** 스티브 잡스는 기술이 인문과 교양과 결합되어야 한다고 설파했다. 이미 오래전에 사회학자 김진균은 "기술이나 테크놀로지의 발전은 능률의 원리에서 항상 그 타당성을 찾아왔으며, 근본적으로 인간의 행복이라는 차원에서는 오히려 테크놀로지가 갖는 사회적 의미나 영향이 비판을 받아왔다"(김진균, 1978)고 지적했다. 오늘날 경제의 핵심이 된 기술도 문화를 존중해야 한다. 아름다움과 인간다움을 저버린 기술은 삭막한 효율의 세상을 만들 뿐이다.

송현동의 문화적 위치
출처: 네이버 지도

고 있다(홍성태, 2006). 송현동의 가치를 올바로 인식하고 개발하는 것은 '문화의 시대'를 올바로 구현하는 시대적 과제와 직결되어 있다. 송현동은 서울 도심의 개발 가치가 큰 '빈 땅'이 아니라 바로 천박한 개발주의의 관점을 바로잡기 위한 '빈 땅'이다(홍성태, 2007). 우리는 송현동을 더 큰 공간적·사회적 눈으로 바라봐야 한다.

송현동의 가치를 올바로 파악하려면 그 지리적 위치가 아니라 문화적 위치에 주의해야 한다*. 송현동은 단순히 서울 도심의 북쪽에 자리 잡고 있는 작은 동네가 아니다. 송현동은 서울 도심의 장소와 건물로서 가장 중요한 경복궁의 바로 옆에 있으며, 경복궁과 창덕궁 사이에 있는 유서 깊은 동네인 북촌의 서남쪽 진입부에 해당되는 곳에 자리 잡고 있다. 따라서 송현동의 변화는 경복궁과 북촌의 변화와 직결되어 있다. 송현동이 어떻게 변화하는가는 경복궁과 북촌이 어떻게 변화하는가의 차원에서 살펴봐야 한다. 경복궁과 북촌이 중요하다고 하면서 송현동을 그와 무관하게 다루겠다는 것은 잘못이다. 송현동은 경복궁과 북촌의 중요 부분이기 때문이다. 송현동은 경복궁과 북촌을 잇는 중심이라는 대단히 중요한 문화적 위치에 놓여 있는 것이다.

* 지리적 위치와 문화적 위치는 무관하지 않다. 전자가 어떤 장소를 물리적 관점에서 파악하는 것이라면, 후자는 그것을 문화적 의미에서 파악하는 것이다. 그 핵심에 역사가 놓여 있다.

송현동의 가치

송현동의 가치는 크게 역사적 가치와 생태적 가치로 나눌 수 있다. 공간은 시간을 담는 그릇이거니와 송현동은 조선 초기부터 현대까지의 역사를 잘 간직한 곳이다. 2009년 6~7월에 대한항공이 이곳을 가득 메우고 있던 아름드리 나무들과 수십 년의 시간을 지니고 있던 건물들을 모두 파괴해 없앤 것은 대단히 유감스러운 일이다. 그러나 그렇다고 해서 이 땅의 역사적 가치가 완전히 사라진 것은 아니다. 이 땅은 여전히 조선 초기부터 현대까지의 역사를 잘 간직한 곳이다. 이곳을 보존하고 복원하는 방식으로 이용하는 것은 경복궁과 북촌을 지키고, 나아가 서울의 정체성을 지켜서 서울의 진정한 선진화를 이루는 과제와 직결되어 있다. 일제와 미국이 멋대로 이용해서 훼손한 이 땅이 이제 본래의 가치를 지킬 수 있도록 해야 한다.

자연과 역사와 시민을 존중하는 건축을 위해 평생을 바쳤던 '감응의 건축가' 정기용은 유적의 보존과 관련해서 다음과 같이 설명했다.

> 쇼에Françoise Choay는 유럽 사회가 자행한 현대 도시의 파괴를 두 가지로 분류하여 지적한다. 하나는 전쟁을 통해서 도시 전체를 송두리째 쓸어버리는 것이고, 또 다른 하나는 CIAM(근대 건축 국제회의, 1933년)으로부터 촉발되어 현대화와 부동산 투기의 이름으로 자행되어온 점진적인 파괴다. … 쇼에는…현대 사회에서 과거 유적을 보존한다는 것은 창조와 개혁에 필수적인 '뿌리와 기억들을 갖기 위함'임을 강조한다. 즉, 유적을 보존하는 행위는 창조와 개혁을 정체시키는 것이 아니라 오히려 그 원동력이 됨을 역설하는 것이다(정기용, 2008ㄴ: 47-48).

'600년 역사도시' 서울의 발전을 고민하는 사람이라면 누구나 경청해야 할 말이 아닐 수 없으며, 송현동의 변화와 관련해서도 깊이 새겨야 할 의미 깊은 설명이 아닐 수 없다. 대한항공은 그냥 호텔을 짓는 것이 아니라 한옥형 '복합문화센터'를 짓는 것이라고 주장하는데, 정말 문화를 존중한다면 이곳의 문화적 핵심인 역사를 파괴하지 말고 보호해야 할 것이다.

2009월 6~7월 대한항공이 미 대사관 직원 숙소 터의 숲과 건물들을 파괴하기 전과 후의 송현동 모습.
출처: 한강문화재연구원, 2009

송현동의 또 다른 중요한 가치는 생태적 가치이다. 북촌은 집들이 빼곡히 들어서서 자연이 제대로 존중되지 못하고 있다. 대한항공이 2009년 6~7월에 없애버린 송현동의 울창한 숲은 북촌 전체에 굉장한 활력을 주는 것이었다. 시멘트로 포장되지 않고 건물이 들어서지 않은 땅은 그 자체로 커다란 생태적 가치를 지니며, 여기에 풀과 나무가 자라서 숲을 이루게 되면 그 생태적 가치는 더욱더 커진다. 송현동은 여전히 커다란 생태적 가치를 지니고 있다. 이것을 올바로 살리는 것은 북촌과 서울을 위해서도 대단히 중요하다. 서울은 본래 자연과 어우러진 '생태도시'였으며, 이런 서울의 본래 모습을 되찾는 것은 오늘날과 같은 생태위기시대에 세계적인 의미를 갖는 것이다*. 1만 평이 넘는 '빈 땅'인 송현동은 서울 도심의 생태적 전환을 위한 중요한 보존지이다.

송현동은 교육적인 면은 물론이고 역사적인 면과 생태적인 면에서 북촌을 넘어 서울 전체를 위해 대단히 큰 가치를 지닌 곳이다. 바로 이 때문에 삼성, 한진 등의 재벌들이 이 땅을 개발하기 위해 애썼고 애쓰고 있는 것일 것이다. 그러나 이곳을 재벌의 '복합문화센터'나 '호텔'로 만든다면, 그것은 모든 시민이 누려야 할 공익을 희생해서 재벌의 사익을 보장하는 것이며, 길이 후손에게 물려줘야 할 유산을 재벌이 파괴하고 소유하게 하는 것이다. 송현동 땅은 최근에 크게 논란이 되었던 북촌의 '화동고개'나 '종친부 뒷담장'과 비교가 안 될 정도로 크고 중요하다. 송현동을 지키지 못한다면 「학교보건법」이 무력화되어 전국 모든 학교의 주변 환경이 크게 망가질 것이고 북촌과 서울의 파괴가 걷잡을 수 없이 심각해지고 말 것이다.

---

* 물론 완전한 생태적 복원은 불가능하다. 그러나 이명박의 '청계천 복원'과 같은 사기적 방식이 아닌 실질적 방식의 생태적 복원이 상당한 정도로 가능하며 필요하다. 이명박의 '청계천 복원'의 실체는 전기 동력기로 한강물을 역류시키는 콘크리트 인공 수로를 만드는 것이었다. 이 점에서 그것은 '명박천 개발'이라고 부르는 것이 옳다(홍성태, 2005). '명박천'은 또 다른 자연 훼손과 혈세의 낭비라는 심각한 문제를 일으키고 있다.

송현동의 발전 방향

송현동의 개발과 발전

송현동은 아름다운 서울을 망친 천박한 정치와 경제의 지배를 타파하고 우아한 문화를 되살리는 곳이 되어야 한다. 그것은 재벌의 고급 호텔을 짓는 것으로는 결코 이루어질 수 없다. 우리에게 진정으로 필요한 것은 '경복궁 옆 재벌 호텔'이 아니라 '경복궁 옆 시민공원'이다. 송현동은 재벌의 막무가내 개발이 아니라 시민의 사려 깊은 발전을 위한 곳이 되어야 한다. 송현동이 망가지면 북촌이 망가지고 서울이 망가진다. 송현동에 재벌의 호텔이 들어선다면 그것은 재벌에게 엄청난 특혜를 주는 것이며 주변 지역의 유흥적 상업화를 촉진하는 것이다. 문제는 명확하다. 해서는 안 되는 일을 하고 있는 재벌이 문제의 근원이고 그 재벌의 편을 들고 있는 정부 부서가 문제의 동력이다.

여기서 잠시 개발과 발전에 대해 생각해보자. 우리는 30년에 걸친 박정희·전두환·노태우의 군사·개발독재를 거치면서 개발을 발전과 같은 것으로 여기는 인식을 갖게 되었다. 그러나 개발은 결코 발전과 같은 것이 아니다. 개발은 발전의 필수조건일 수는 있어도 충분조건일 수는 없다(홍성태, 2007). 개발은 인간의 이익을 위해 현재의 상태를 변형하는 것이고, 발전은 현재의 상태보다 더 나은 상태로 변모하는 것이다. 개발은 발전으로 귀결될 수도 있고 아닐 수도 있다. 단순한 이용의 편리나 경제적 편익이 아니라 역사와 자연의 가치를 존중하는 개발을 추구해야 한다. 그렇게 해야 개발이 발전으로 귀결될 수 있다. 역사는 문화의 근간이고 자연은 역사의 원천이다. 자연이 망가지면 자연 속의 존재인 우리도 망가지고, 역사가 망가지면 역사 속의 존재인 우리도 망가진다.

송현동은 서울만의 자원인 오랜 역사를 간직한 곳이면서 서울에 가장 부족한 자원인 자연을 살릴 수 있는 곳이다. 송현동의 올바른 발전은 역사와 자연을 파괴하는 것이 아니라 보호하는 것으로 이룰 수 있다. 사실 역사와 자연을 보호하는 것은 어느 곳에서나 긴요한 과제이다. 그러나 송현동은 경복궁의 바로 옆이고 북촌의 서남부를 이루는 곳으로서 역사와 자연을 지키는 것이 다른 어느 곳보다 중요한 상태이다. 송현동에서 재벌의 막무가내 개발이 이루어지면 어느 곳에서나 재벌의 막무가내 개발이 이루어질 수 있을 것이다. 송현동에서 역사와 자연을 지키고 살리는 것에 성공한다면 그것은 북촌을 넘어서 서울의 올바른 발전을 위한 중요한 사례가 될 것이다. 송현동의 올바른 발전은 북촌과 서울의 올바른 발전으로 나아가는 관건적 의미를 갖는다.

송현동의 발전 방향

서울은 자연과 역사를 지키고 살리는 변화를 추구해야 한다. 서울에 현대적인 것과 인공적인 것은 이미 넘쳐난다. 서울은 오랜 역사를 자랑하나 실제로 그 역사를 찾아보기 어려운 도시이고, 본래 아름다운 자연에 기대어 만들어진 도시였으나 이제는 자연을 만나기가 어려운 도시이다. 정기용은 역사를 지키고 살리는 것이 이 시대의 건축인들에게 부여된 사회적 소명이라고 지적했다.

> 파괴와 건설로 사라져가는 근대의 유적은 도처에 있다. 그것들이 단순한 회상이나 기억의 대상이 아니라 다시 생명을 불어넣을 창조적 힘이 가해질 때 유적은 단순한 유물이 아니라 동시대의 예술적 가치로 환원될 것이다. 파괴로부터 시작하는 건설이 아니라 있는 것으로부터 재창조되는 것이 절실한 시점이다. 건축인들이야말로 그들이 이 시대에 사회적 소명이 있다면 바로 이런 일들을 그의 개별적 작업에서 실천해내는 것이다. 시간은 선형적인 것이 아니라 원래 순환한다는 사실을 자각하면서 말이다. 우리들은 이제 파괴의 발톱에서 신음하는 시간과 기억들을 구출하여 그들이 존재할 공간을 만들어주어야 한다. 왜냐하면 시간과 기억은 우리들이 거주하는 집이기 때문이다(정기용, 2008ㄴ: 49).

여기에 우리는 자연을 지키고 살리는 과제를 더해야 한다. 자연이야말로 우리가 거주하는 집이고 결국 돌아가야 하는 집이기 때문이다.

이렇듯 송현동의 발전 방향은 네 가지로 정리할 수 있다. 첫째, 이 땅은 공익의 가치가 대단히 크기 때문에 재벌의 사익이 아니라 시민의 공익을 위한 곳이 되어야 한다. 재벌이 이 땅을 소유하고 있다고 해서 교육과 역사를 무시하고 '호텔'을 지어 사익을 추구하는 것은 잘못이다. 둘째, 이 땅을 비롯해서 어디서나 경제적 이익이 아니라 교육의 가치를 우선시해야 한다. 사회의 지속과 발전을 위해 교육보다 중요한 것은 없다. 경제적 이익을 내세워서 교육을 무시하는 나라의 미래는 결코 밝을 수 없다. 재벌의 이익을 위해 정부가 나서서 「학교보건법」을 무력화하는 것은 너무나 잘못된 것이다. 셋째, 이 땅의 역사적 가치를 지키고 살려야 한다. 이 땅은 조선 초기부터 현대까지 오랜 역사를 담고 있다. 더욱이 이 땅은 경복궁의 바로 옆이며 북촌의 서남부를 이루는 곳이다. 이런 곳에 호텔을 짓겠다는 것은 역사를 무시하는 것을 넘어서 파괴하고 우롱하는 것이다. 넷째, 이 땅의 생태적 가치를 살려야 한다. 이 땅에는 조선시대에 소나무 숲이 있었던 곳이고, 현대에는 플라타너스, 포플러, 은행나무 등 여러 나무들이 울창한 숲을 이루고 있었던 곳이다. 만일 이 숲을 되살려서 공원을 만든다면 경복궁 동남쪽과 북촌 서남쪽에 굉장한 생태적 활력이 생겨날 것이다. 이 땅에는 참으로 놀라운 가능성이 들어 있다*.

맺음말

수단과 방법을 가리지 않고 돈을 버는 것은 잘못이며, 돈이 많다고 해서 무엇이나 만들거나 가지려고 하는 것도 잘못이다. 돈을 버는 것도 쓰는 것도 모두 사회 안에서 사

* 2011년 종로구는 이 땅과 현재의 종로구청 부지를 교환해서 이곳에 종로구청과 공원을 짓는 방안을 제시했다. 2013년 9월 건축가 김원은 종로구청의 제안을 발전시켜 구청, 미술관, 공원이 어우러진 구상을 발표했고, 이어서 12월 경실련 주최 토론회에서 현재 불법시설인 높은 담장부터 철거해서 시민이 이 땅의 가치를 체감할 수 있도록 하자고 제안했다(『중앙일보』, 2013년 10월 30일; 『뉴스1』, 2013년 12월 9일).

회를 존중하며 이루어져야 한다. 교육을 무시하고 역사와 자연을 훼손하고 그저 많은 돈을 벌고자 한다면 누가 그 기업을 좋은 기업이라고 하겠는가? 오늘날 한국은 돈이 지배하는 '돈 사회'이며, 가장 돈이 많은 재벌이 지배하는 '재벌국가'라고 할 수 있다. '돈 사회'와 '재벌국가'는 경제적으로 대단해 보여도 그 속은 삭막하기 이를 데 없다. OECD 최고의 자살율은 그 단적인 지표이다. 이제 재벌부터 나서서 사회의 질을 높이기 위해 애써야 한다*. 역사와 자연을 지키는 것은 그 핵심적인 과제이다.

이런 관점에서 한진 재벌이 송현동 땅에 호텔을 건축하는 것이 아니라 역사-자연 공원을 조성해서 시민에게 기부한다면 아주 좋을 것이다. 한진 재벌이 시민의 공익을 위해 막대한 기부를 하고 북촌과 서울의 올바른 발전을 위해 엄청난 기여를 하는 것이다. 이런 기대는 정녕 꿈에 불과할까? 한국의 재벌들이 언제나 열심히 칭송하는 미국의 재벌들은 천억 원대를 넘어서 조 원대로 기부를 한다. 록펠러, 모건, 카네기, 밴더빌트 등 그 목록은 대단히 길게 이어진다. 2013년 4월에도 뉴욕 메트로폴리탄 박물관은 1조 원 대의 기부를 받았다. 한국의 재벌들은 기부를 못하는 것이 아니라 안 하는 것이다. 한국의 재벌들은 왜 미국의 재벌들을 따라하지 않는가?

문화체육관광부와 교육부가 「학교보건법」의 무력화를 위한 「관광진흥법」의 개악을 계속 추진하는 것은 한진 재벌의 이익을 위해 교육과 학교환경의 희생을 강행하는 것이다. 여기서 나아가 문화체육관광부와 교육부는 한진 재벌의 이익을 위해 경복궁과 북촌의 역사를 크게 망칠 위험을 강요하고 있는 것이다. 문화체육관광부가 정말로 해야 할 일은 이렇듯 교육과 역사를 위협하는 것이 아니라 재벌들이 교육과 역사를 위해 적극 거액을 기부하도록 권장하는 것이다. 문화체육관광부와 교육부가 고치기 위해 애써야 하는 것은 「관광진흥법」과 「학교보건법」이 아니라 세법과 기부금법이다. 미국의 재벌들도 1910년대에 이루어진 세법과 기부금법의 개정을 통해 비로소 본격적으로 거대한 기부자로 변모하게 되었다. 우리도 할 수 있다.

---

* 이제까지 행태로 보았을 때 재벌이 스스로 그렇게 할 리는 없다. 재벌이 법을 지키고 공익을 위하도록 하기 위한 시민운동이 더욱더 활발히 펼쳐져야 한다.

송현동의 올바른 발전을 위해 가장 중요한 것은 교육·역사·자연의 가치에 대한 시민의 올바른 인식일 것이다. 이미 다수의 시민들은 올바른 인식을 갖고 송현동의 올바른 발전을 요구하고 있다. 이런 상황에서 서울시와 종로구가 적극 나서서 송현동의 올바른 발전을 추구할 필요가 있다. 이 소중한 땅이 망가지지 않게 할 가장 직접적인 책임은 서울시와 종로구에 있을 것이다. 서울시와 종로구가 시민과 함께 송현동의 올바른 발전을 위한 노력을 더욱더 적극 실행해야 한다. 북촌의 '화동고개'와 '종친부 뒷담장'에 대한 시민의 뜨거운 관심과 참여를 떠올린다면 서울시와 종로구가 해야 할 일은 명확하다. 일제의 침략과 함께 삽시간에 사라진 송현동의 울창한 숲을 되살리기 위한 노력을 서둘러 시행해야 하지 않겠나?

:::참고 자료

김원, 1999, 『우리 시대 건축이야기』, 열화당.

김유경, 2012, 「김유경의 문화산책 〈21〉 서촌 4—옥인동 송석원의 윤덕영 한옥」, 『프레시안』, 6월 20일.

김진균, 1978, 「테크놀로지적 사회구조론」, 김진균, 1983, 『비판과 변동의 사회학』, 한울.

안치용, 2012, 「대한민국 조약 1호를 아시나요—미국이 찜하면 한국은 무조건 소유권 넘긴다」, http://andocu.tistory.com

정기용, 2008ㄱ, 『서울 이야기』, 현실문화.

______, 2008ㄴ, 『사람 건축 도시』, 현실문화.

정세균 의원실, 2013, 「문화체육관광부 발의 『관광진흥법』 개정안의 문제점」.

조한, 2012, 「경복궁/여자중고등학교 바로 옆에 관광호텔?」, TBS 교통방송 〈서화숙의 오늘(4부): 도시는 살아 있다〉, 7월 19일.

홍성태, 2005, 『생태문화도시 서울을 찾아서』, 현실문화.

______, 2006, 『현대 한국 사회의 문화적 현성』, 현실문화.

______, 2007, 『개발주의를 비판한다』, 당대.

______, 2009, 『민주화의 민주화』, 현실문화.
______, 2012, 『사회로 읽는 건축』, 진인진.

송현동 개발에 관한 제안

송현동은 경복궁과 북촌·인사동의 역사성을 지키고 덕성여중고와 풍문여고를 지키는 방식으로 개발되어야 한다. 이를 위한 제안들이 여러 전문가와 시민단체들에 의해 2001년부터 제시되었다.

역사 복원

2000년 2월 삼성이 송현동 부지를 매입하고 2001년 '복합문화공간'을 개발하겠다는 계획을 세우자 당시 문화연대 공간환경위원회 위원장이었던 건축가 정기용, 부위원장 홍성태 등은 이곳의 역사를 복원해서 경복궁, 북촌, 인사동의 역사성을 지켜야 한다고 제안했다. 이런 노력은 여론에 상당한 영향을 미쳐서 삼성은 개발 계획을 유보했고 결국 송현동 부지를 대한항공에 매각해버렸다.

문화공원 구상

2011년 종로구청은 대한항공에 대해 송현동 부지와 종로구청 부지를 맞바꾸자고 제안했다. 종로구청 부지는 시내이며 교통이 편해서 호텔을 짓기에 아주 적합한 곳이다. 건축가 김원은 2013년 10월 이 안을 발전시켜 경복궁, 국립현대미술관 서울관, 학교들 등과 어울리는 문화공원 조성 안을 발표했다. 이 안은 이곳의 문화적 가치에 부합하는 훌륭한 제안이다.

'책의 전당' 구상

2014년 2월 11일 오후 2시 서울 태평로의 프레스센터(언론재단) 건물 19층 기자회견장에서 출판문화계를 대표해서 한상완 대한기록협회 회장, 윤희윤 한국도서관협회 회장, 박은주 한국출판인회의 회장, 김언호 출판도시문화재단 이사장 등이 송현동에 '책의 전당'을 짓자는 구상을 발표하는 기자회견을 열었다. 그 핵심은 송현동은 경복궁에서 인사동으로 이어지는 역사·문화 지역의 핵심에 위치하고 있으므로 한진의 호텔을 다른 곳에 짓도록 하고 송현동에 우리의 역사·문화를 알릴 수 있는 '책의 전당'을 설립하자는 것이다.

> 출판문화계가 옛 미국 대사관 숙소 터인 경복궁 옆 서울 송현동 대지에 '책의 전당' 건립을 제안했다. 책나라연대와 책읽는사회문화재단, 출판도시문화재단, 한국기록관리협회, 한국도서관협회, 한국출판인회의 등은 11일 정부에 책의 전당 건립을 건의하고 나섰다. 이들은 "송현동 부지는 경복궁에서 인사동으로 이어지는 역사문화벨트 한가운데 위치해 있다"면서 "이런 역사적 사실을 떠올려 본다면, 독립국가의 위신을 바로 세운다는 차원에서도 이 부지의 활용은 중요한 의미가 있다"면서 이같이 주장했다.…
>
> 한진그룹은 이곳에 7성급 한옥호텔 개발 사업을 추진했다. 그러나 서울중부교육지원청은 법에 따라 '학교환경위생정화위원회'를 열고 불허를 결정했다. 경복궁에서 약 100m 떨어진 곳이다. 풍문여자중·고등학교, 덕성여자고등학교에서는 50m에 불과한 '상대적 정화구역'이다. 학교보건법에 따라 숙박시설은 학교 주변 50m 이내에 설치할 수 없다. 2010년 12월 한진은 서울중부교육지원청에 소송을 제기했지만, 2012년 6월 대법원에서 패소했다. 그러자 같은 해 8월 "모든 종류의 호텔을 학교보건위생 저해시설로 규정하는 학교보건법은 위헌"이라며 헌법 소원을 제기했다. 그해 10월 정부는 유해한 부대시설이 없는 관광숙박시설에 대해서는 정화위원회의 심의를 받지 않아도 되는 '관광진흥법 개정안'을 제출했다. 일부에서 '대한항공 특혜법'이라는 의혹을 제기하고 나선 이유다. 한진그룹은 송현동에 호텔뿐 아니라 다목적 공연장과 갤러리, 쇼핑센터와 같은 복합 문화단지를 건설하겠다는 입장인 것으로 알려졌다.
>
> 책나라연대 등이 주장하는 책의전당은 도서관·박물관·기록관을 융합한 것이다. 한진그룹,

정부와는 아직 구체적인 논의를 하지 않았다. 한상완 한국기록협회 회장은 "제안을 하는 것이다. 이제부터 이야기를 해보자는 것"이라고 말했다. 송현동에 호텔 대신 왜 책의전당이냐는 물음에는 "최초의 금속활자인 직지를 만든 나라인데 이런 인프라를 세계에 알릴 수 있는 종합적인 공간과 상징성이 이쪽 벨트라고 생각했다"고 답했다. 세종문화회관, 경복궁, 국립현대미술관, 국립민속박물관 등의 문화자원과 연계한 문화벨트를 만들자는 것이다. 한진그룹의 일방적인 희생을 요구하는 것은 아니라는 입장이다(「호텔 말고 '책의 전당' 짓자, 송현동 미국대사관 숙소 터에」, 『뉴시스』, 2014년 2월 11일).

:::더하는 글 2

박근혜 정부의 「학교보건법」 무력화 시도

송현동의 위기는 대한항공의 법을 무시한 잘못된 행태와 그것을 옹호하는 이명박·박근혜 정부의 잘못된 행태에서 비롯되었다. 특히 박근혜 정부는 이명박 정부의 잘못된 규제 완화가 세월호 대참사와 같은 참혹한 사건을 빚었음에도 불구하고 규제 완화를 내걸고 사법부를 완전히 무시하고 「학교보건법」을 무력화해서 한진 재벌의 잘못된 요구를 실현해주려는 잘못을 저지르고 있다. 참으로 개탄스럽고 한심스럽다. 정부가 나서서 사법부를 무시하고 「학교보건법」을 무력화하고 역사와 교육을 대대적으로 파괴하려 하는 것은 그야말로 망국적인 것이 아닐 수 없다. 이런 짓은 정부의 존재이유와 존재가치를 스스로 저버리는 것이다. 송현동의 위기는 서울의 위기이며 역사와 교육의 위기이고 정부의 위기이다. 이 정부의 규제완화 주장은 너무나 잘못된 것이다.

2014년 3월 20일에 열린 '규제개혁 점검회의'에서 박근혜 대통령은 규제는 암이라는 극히 잘못된 주장을 펼쳤다. 정부는 여러 규제를 통해 공익을 지켜야 한다. 필요한 것은 규제의 개선이지 일방적인 완화나 철폐가 아니다. 그중에서도 교육을 지키는 것은 가장 근본적인 과제이다. 그런데 박근혜 정부(특히 문화체육관광부와 교육부)는 한진 재벌이 학교 옆에 유흥시설인 호텔을 지을 수 있도록 「학교보건법」을 무력화하려 하고 있다. 이미 사법부에서도 한진 재벌의 시도가 불법이라고 판결한 것을 박근혜 대통령이 나서서 뒤집으려 하고 있다. 박근혜 정부는 학교를 지키는 것이 아니라 한진 재벌을 지키기 위해 사법부를 무시하고 「학교보건법」을 무력화해서 학교를 망치려 하는 것이 아닌가?

> 지난 20일 규제개혁 점검회의에서 "학교 앞 호텔을 유해시설로 규정한 학교보건법을 개정해 달라"는 한 기업인의 요구에 박근혜 대통령은 "청년들이 취직할 수 있는 일자리를 막고 있는 것

은 죄악이다"라고 답했다. 이후 관련 부처는 학교 앞 호텔 건설을 가능하도록 관련법 개정안과 훈령 마련에 분주하게 움직였다.
당장 현오석 부총리 겸 기획재정부 장관 주재로 27일 열린 경제관계장관회의에서 관광호텔 허용을 위한 법제도 정비 및 공무원의 관행 개선 등이 논의됐다. 교육부는 학교정화위원회가 호텔 건립 금지 결정을 한 이유를 기업인에게 '친절하게' 알려주는 내용의 교육부 훈령을 다음 달 제정할 계획이다. 앞서 25일에 안전행정부는 서울 영등포구청에 (주)한승투자개발이 호텔을 짓기 위해 낸 사업계획을 조속히 승인하도록 권고하는 등 전국 지방자치단체에 비슷한 협조를 구했다. 문화체육관광부는 유흥시설이 없는 관광호텔은 학교위생정화위원회 심의 없이 정화구역 내 설치를 허용하는 것을 골자로 하는 관광진흥법 개정안을 추진하기로 힘을 모았다.…
사법부가 관련 법률을 정밀하게 적용해 판단한 사안을 규제 개혁을 내세워 행정부가 뒤엎는 셈이어서 우려가 커지고 있다. 대한항공이 호텔 건립 불허를 취소해달라고 행정법원에 낸 소송에서 재판부는 "국가의 장래를 짊어질 학생들을 위해 학교 주변에 학습이나 학교보건위생에 해를 끼칠 시설이 들어서지 못하도록 해주는 것이 바람직하다"고 판시했다. 재판부는 또 "**7성급 관광호텔 역시 숙박업소인 이상 일반적인 숙박업소와 마찬가지로 윤락행위와 음란행위, 사행행위 등 불건전한 행위가 발생할 가능성은 상존한다**"고 강조했다. 대한항공은 서울고등법원과 대법원에 잇따라 상소했지만 모두 패소했다. 특히 대법원은 "정화구역 안에서의 호텔영업을 금지함으로써 토지나 건물주 혹은 호텔 영업자가 입게 될 불이익보다 학생들의 건전한 육성 및 학교 교육의 능률화 등의 공익이 결코 적지 않다"고 판시했다. 대한항공이 추진하는 7성급 관광호텔도 일반 호텔과 다를 바 없다는 것도 재차 강조했다.
사법부의 판단을 행정부가 법을 바꿔 추진하면서 민주주의의 근간인 삼권분립이 심각하게 위협받을 수 있다는 지적이 당장 나온다. 김인회 인하대 법대 교수는 "호텔 짓는 것에 대해 관련 기관이 거부 처분한 게 정당하다고 사법부가 판단했는데 이를 뒤집어엎는 것은 굉장히 부적절하다"고 말했다. 대한항공 호텔 건립 부지에 인접한 학교장도 우려의 목소리를 높였다. 덕성여중 백영현 교장은 28일 CBS 취재진과 만나 "호텔이 지어지면 교실 건물과 호텔 건물이 바로 맞닿게 된다"며 "아이들이 수업하는 6층 교실에서 호텔 객실을 내려다볼 수도 있어 걱정이 태산"이라고 말했다. 백 교장은 또 "감수성 예민하고 한참 호기심 많은 아이들이 공부하는 학교 옆에 호텔이 들어서면 교육적으로 심각하게 문제가 된다"며 "학교 입장에서도 등하교부터 정상적인 교육 활동에 방해를 받는 것으로 절대 용납할 수 없다"고 비판했다. 학부모단체도 예외는 아니다. 참교육을 위한 전국 학부모연대 이정숙 사무처장은 "관광객 유치에만 중점을 두고 학교 정화구역을 축소하는 것은 잘못된 정책"이라고 목소리를 높였다. 이정숙 처장은 이어 "처음에는 유해시설이 없다고 해도 관광객을 유치하는 숙박업소가 들어서면 주위에 노래방이나 단란주점 등이 마구 들어설 게 불을 보듯 뻔하다"고 우려했다(「대법원 위에 규제 개혁? 대법원 위에 호텔 건축?」, 『노컷뉴스』, 2014년 3월 29일).

송현동 땅의
역사적 · 도시적 의미와 변화

안창모(경기대학교 대학원 건축설계학과 · 역사문화환경보존프로그램 주임교수)

목 차

오랫동안 잊힌 땅, 송현동

송현동은 북촌의 한복판에 위치하고 있음에도 불구하고 일제강점기에 한인들의 접근을 허용하지 않는 이국적인 모습을 한 일군의 건물들이 식산은행의 사택으로 자리 잡은 땅이었다. 이 건물군은 해방과 함께 미국에 의해 점유되었다. 이후 이곳에서 일제강점기에도 없던 높은 담장이 세워졌고 우리는 그 안에서 무슨 일이 일어나는지 알 수 없었다. 필자는 1990년대 어느 날 지인의 가족 결혼식이 지금은 사라진 한국일보 13층에서 거행된 덕분에 미국 대사관직원 숙소의 세계를 담장 넘어 볼 기회가 있었다. 그때 사진도 한 장 촬영했지만, 유감스럽게도 그 사진을 찾을 길이 없다. 북촌의 중심인 안국동 로터리에 면해 있지만 높은 담장으로 둘러쳐진 그곳은 사람들의 기억 속에 존재하지 않는 곳이 되어 있었다.

송현동의 익명성은 그 이후에 지속되었다. 송현동 땅이 삼성에게 넘어갔다가 대한항공으로 주인이 바뀌는 과정에서도 땅을 둘러싸고 있는 높은 담장으로 인해 그 안에서 어떤 일이 일어나는지 알 수 없었다. 급기야는 그 안에 어떠한 문화유산이 있는지

송현동 구 미국대사관직원 숙소의 담장

검증조차 할 수 없는 상황에서 땅 위의 건물은 경비실 하나만 덜렁 남긴 채 그 안의 건물은 모두 철거되어 사라지고 말았다. 3만 제곱미터 이상의 땅을 개발할 경우 매장문화재 유무를 파악할 수 있도록 문화재 지표조사를 실시하도록 되어 있는 규정에 의해 최소한의 발굴조사를 할 수 있었던 것이 그나마 위안이 되었다고 할 수 있다.

우리에게 송현동 땅의 존재감이 강하게 부각된 것은 현재 땅의 소유자인 대한항공 덕분이다. 대한항공이 송현동 땅에 호텔을 짓겠다는 포부를 드러냈기 때문이다. 사실 송현동 땅이 공론화되기 전에 알 만한 사람들은 땅의 존재를 알고 있었다. 1997년 삼성이 1만 1, 426평에 이르는 송현동 땅을 구입하여 현대미술관과 조각공원 그리고 디자인 교육원을 포함하는 삼성문화단지를 짓겠다는 구상을 발표한 바 있었기 때문이다.

삼성은 사간동과 인사동을 잇는 문화벨트의 허브를 구상했고, 많은 사람들은 비로소 송현동 땅이 우리의 품으로 돌아올 수 있게 되었다고 생각했다. 그러나 IMF 경제위기는 상황을 반전시켰다. 문화시설 건설 계획은 소리 소문 없이 사라졌고, 땅의 주인이 바뀌면서 7성급 호텔을 짓겠다는 계획이 발표되었기 때문이다. 많은 사람들이 귀를 의심했다. 역사적 무게가 가볍지 않고 학교가 밀집한 곳에 아무리 최고급이라고는 하지만 호텔을 짓겠다니…. 「학교보건법」에 학교환경위생정화구역(학교 경계선 직선거리 200m)에 호텔 등 학습환경을 저해하는 건축물을 세울 수 없도록 규정해놓았으니, 호텔 건축은 당연히 불가능하고 절대 그런 일은 일어날 수 없을 것이라고 생각했다. 그러나 많은 사람들이 현실적으로 불가능하다는 사실을 건축주에게 조언했었을 터인데도 불구하고 건축주의 호텔 건축을 향한 의지는 꺾이지 않았다. 그리고 이제는 법을 믿고 절대로 불가능할 것이라는 확신을 가졌던 사람들이 불안해지기 시작했다. 믿었던 법이 바뀔지도 모르는 상황에 이르렀기 때문이다.

많은 사람들이 하나둘씩 의견을 모으기 시작했지만, 법이 제 역할을 할 수 없을지도 모르는 상황에서 호텔 건축을 막을 뾰족한 방법이 없었다. 그래서 좀 더 많은 사람들의 의견을 모으기 위한 움직임이 시작되었다. 조직적이라고는 할 수 없지만, 그래도 건강한 상식이 통할 것이라는 믿음에 뜻을 같이하는 사람들이 움직이기 시작한 것이다.

그런데 그 사람들은 '송현동 땅'에 대해 어떤 믿음이 있을까? 송현동 땅은 우리의 기대에 부응할 만큼 가치 있는 곳일까? 유감스럽게도 우리는 송현동 땅의 역사적 가치에 대해서 충분히 알고 있지 않다. 창피스러운 일이기는 하지만 현실이다. 송현동 땅이 갖고 있는 지정학적 중요성을 감안하면, 아무리 지난 100여 년 동안 송현동 땅이 우리의 품에 있지 않았다고 하더라도 이상할 정도로 송현동 땅에 대한 정보가 없다. 지푸라기를 잡는 심정으로 송현동의 가치를 하나씩 짚어보자.

조선시대의 송현동

송현동 옛 미국 대사관 숙소 부지의 입지가 서울에서 갖는 중요성은 아무리 강조해도 지나치지 않을 정도로 그곳은 요지를 차지하고 있다. 송현동은 지명이 의미하는 것처럼 소나무가 울창한 언덕이었을 게다. 그러나 이 언덕의 가치는 홀로 의미를 갖는 것이 아니라 경복궁과의 관계 속에서 의미를 갖는다. 그리고 이러한 송현동의 가치는 서울의 구조적 속성에서 비롯되었다.

조선의 수도로 거듭났던 600여 년 전 서울은 '청계천을 품에 안고 내사산(북악, 낙산, 남산, 인왕산)으로 둘러싸인 인구 십만 명을 수용하는 도시'로 만들어졌다. 내사산을 연결하는 능선을 따라 18km에 달하는 성곽이 설치되었으며, 청계천을 품에 안은 분지로 향한 수많은 경사는 크고 작은 고개와 골을 만들어냈다. 해서 도성 안의 원지형을 보면 크고 작은 언덕이 있고 언덕과 언덕 사이에는 항상 물이 흘렀다. 송현동에도 바로 이러한 서울의 원지형의 속성이 그대로 담겨 있다.

도심 가까운 곳에 위치한 송현동은 서측으로 비교적 완만한 구릉으로 형성되었으며 동측으로 경사져 있어 안동별궁 사이에는 작은 물길이 존재했다. 아쉽게도 지금은 그 물길이 복개되어 감고당길이 되어 물길의 옛 정취를 느낄 수 없다.

18세기 후반에 작성된 『도성대지도』에는 이러한 송현동 땅의 특성이 잘 나타나 있

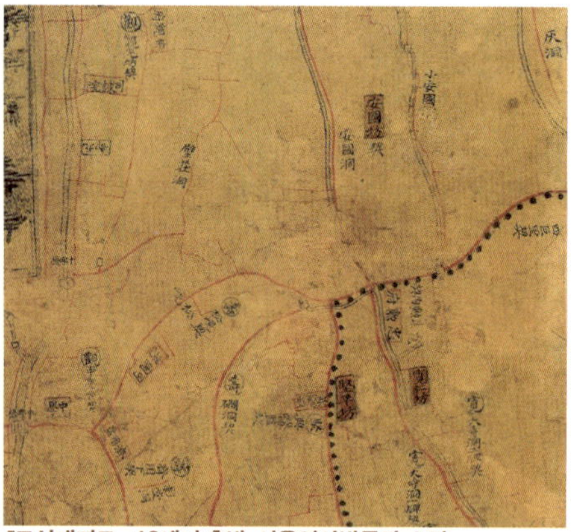
「도성대지도」, 18세기 후반, 서울역사박물관 소장

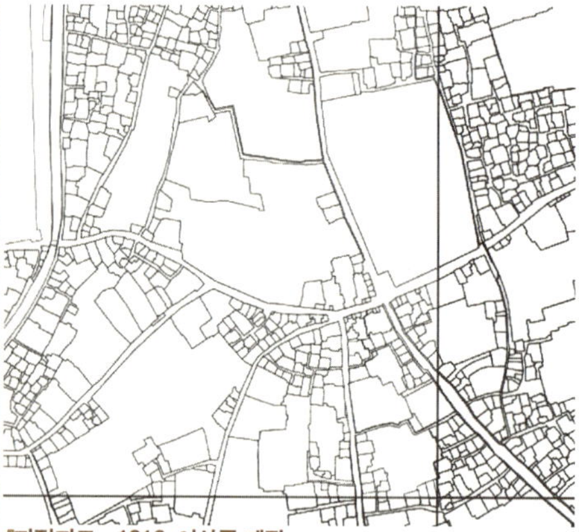
「지적지도」, 1912, 이상구 제작

다. 『도성대지도』에 표시되어 있는 송현동 땅에는 골목이 없다. 이는 송현동 땅이 조선시대에는 하나의 큰 필지였다는 것을 의미한다. 1912년 근대적 측량술로 만들어진 「지적지도「의 송현동 필지 특성은 『도성대지도』의 특성과 같다. 『도성대지도』가 18세기 후반에 그려졌음에도 불구하고 길과 물길의 표시는 20세기 초에 작성된 지적도와 거의 일치함을 알 수 있다. 그리고 이러한 송현동 일대의 모습은 지금의 모습과도 일치한다. 이는 『도성대지도』가 매우 정확하게 그려진 지도라는 것을 입증하는 것이기도 하지만, 송현동 일대가 역사도시의 구조를 그대로 간직하고 있다는 것을 의미한다. 땅 위의 풍경이 10년이 다르게 변화하는 것을 생각하면 도시의 틀이 갖는 관성은 놀라울 정도로 무겁고 믿음이 간다.

1907년에 제작된 지도에는 송현동 땅의 동쪽 감고당길과 서쪽의 중학천에 각기 물길이 형성되어 있음을 보여준다. 지금의 감고당길은 복개되었지만, 구부러진 길은 옛 물길의 흔적이다. 두 물길을 가르는 언덕이 송현이고, 송현동 땅은 송현의 동측 사면에 위치해 있다.

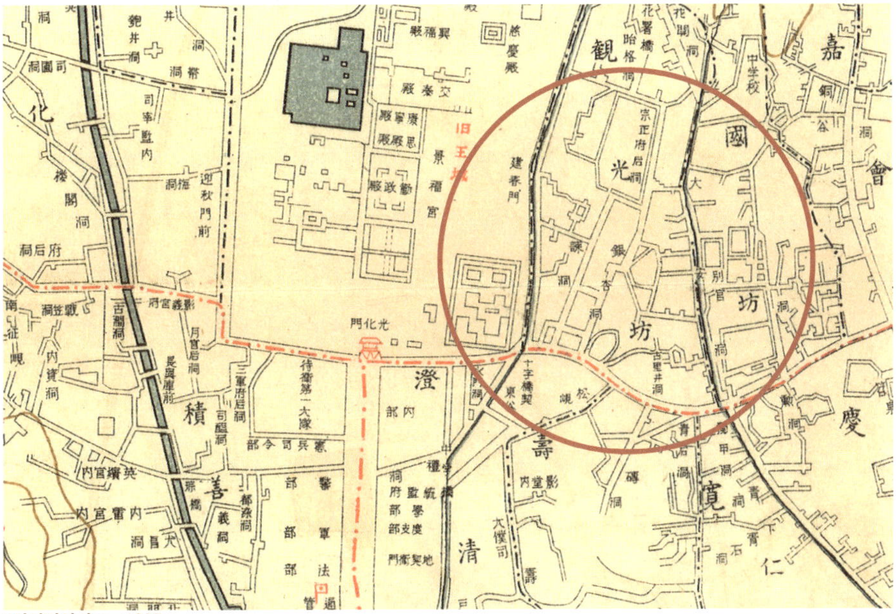

「최신경성전도」, 1907

일제강점기의 송현동

1914년에 발행된 『경성부명세신지도』에는 총독부가 시구개정市區改正사업을 계획하면서 안국동을 중심으로 방사형 도로망을 계획했음을 보여준다. 현재의 감고당길을 보신각까지 확장하여 연결하고 동서방향으로 율곡로를 확장하는 계획이었지만 실현되지 않았다.

1915년에 발행된 지도에는 이전 지도에서는 볼 수 없는 많은 정보가 담겨 있다. 송현동 부지 안에 윤택영의 집이 존재했고, 주변에는 많은 학교들이 분포되어 있음을 알 수 있다. 현 대한항공 소유 부지를 살펴보면, 일제강점 초 송현동 48번지는 박영정, 송현동 49~56번지는 윤택영, 송현동 97번지는 윤덕영의 소유였으나, 윤택영 소유의 대

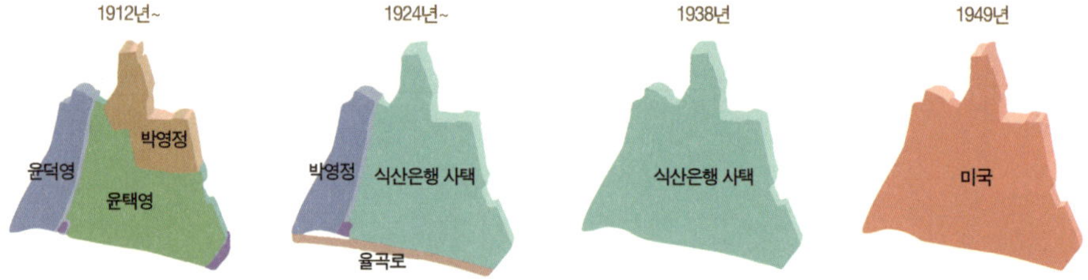

송현동 대지의 소유권 변화(출처: 한강문화재연구원, 『서울송현동 유적』, 2012년)

지를 시작으로 차례로 조선식산은행에게 넘어갔다. 윤택영과 박영정의 소유 대지가 1919년 식산은행으로 넘어갔으며, 이때 윤덕영의 대지는 박영정 소유로 바뀌었다. 이러한 소유권의 변화는 1917년 조선식산은행이 설립된 것과 맥을 같이한다. 특히 순종의 장인이었던 윤택영이 일제강점과 함께 후작이라는 작위를 하사받아 일제의 귀족에 편입되었으나 1920년 은행 빚에 쫓겨 중국으로 도망갔다는 사실과 일치한다. 윤택영이 중국으로 도피하면서 그 소유 대지가 식산은행으로 넘어간 것으로 추정된다.

이렇게 송현동 땅은 황제순종의 장인이었던 윤택영의 소유였지만 빚으로 인해 소유권이 조선식산은행으로 넘어갔고, 식산은행은 송현동 땅에 자신들의 사택을 지었다. 당시 조선식산은행이 송현동에 사택을 짓는다는 사실은 한인들에게는 매우 충격적으로 받아들여졌다.

1924년 3월 9일자 『동아일보』에는 '파죽破竹의 세勢로 북촌北村 일대一帶를 점령占領하고 있

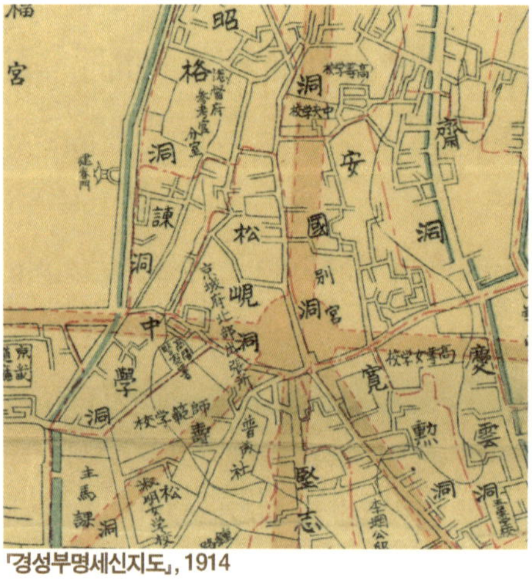

「경성부명세신지도」, 1914

「총독부지형도」, 1915

는 일인들의 북촌 진출을 우려하는 기사가 실렸고, 같은 해 6월 29일 「내동리 명물」이라는 연재에서는 북촌의 심장부에 위치한 식산은행 사택의 존재가 다음과 같이 묘사되어 있다.

> 송현동 일대는 식은사택이 차지하고 말았습니다. 이것만 가지고도 조선인 경성의 몰락을 알 것이 아닙니까. 이 집의 전신은 부원군보다도 대갈장군의 아우로 유명한 윤택영 씨의 집이 되어 한참은 들석들석하였으나, 형제가 시새워가면서 너무 과분하게 떠들고 지낸 까닭인지, 이 집을 지니지 못하고 학생기숙관으로 세를 놓아먹기 시작하더니, 나중에는 식산은행으로 드리밀고 말았습니다. 식은에서 이 집 부근의 팔천오백여 평을 사서 헐고, 미국에서 유행하는 근대식으로 설흔네 채의 굉장한 사택을 짓기에 삼년의 세월과 칠십만원의 금액이 들었다 합니다. 붉은 지붕만 보고 감옥 같다고 하는 사람도 있으나, 속에 들어가 보면 이상적으로 된 문화주택이라 합니다. 그런데 이 집은 뉘 돈으로 지었을까요? 쓰러져가는 초기 집 옆에서 사는 그네들도 좀 미안한 생각이 있으리다. 경비를 절약하느라고 하급행원을 도태하면서도 정원들 앞에는 괴석과 화초가 하나씩 둘씩 늘어감도 이상하다 하겠습니다. 그런데 이 사택으로 덕본 것은 안국동 전차가 속히 된 것이라 합니다. 성은 피가라도 관자 맛에 산다고 전차 타는 맛에 견줄까요.

이 기사에 따르면, 윤택영이 빚에 쪼들리면서 한 때 학생 기숙사로 임대하기도 했으나 결국 빚을 갚지 못하고 식산은행에 땅을 빼앗겼음을 알 수 있다. 한편 당시 신문에 실린 사진은 식산은행의 사택이 서양식 문화주택으로 지어졌음을 보여준다.

문화주택으로 지어진 식산은행
동아일보 1924년 6월 29일

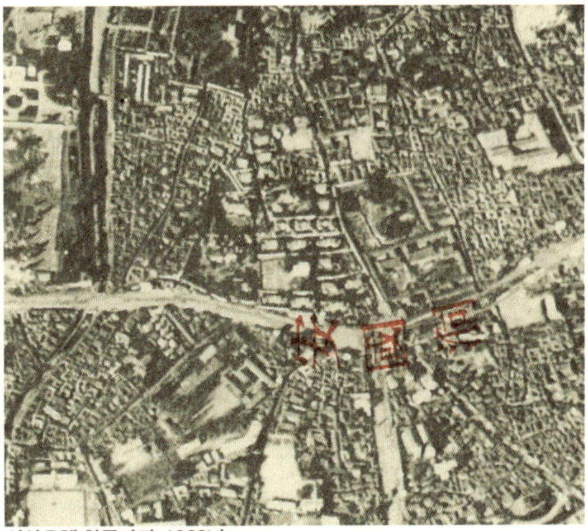

식산은행 항공사진, 1928년

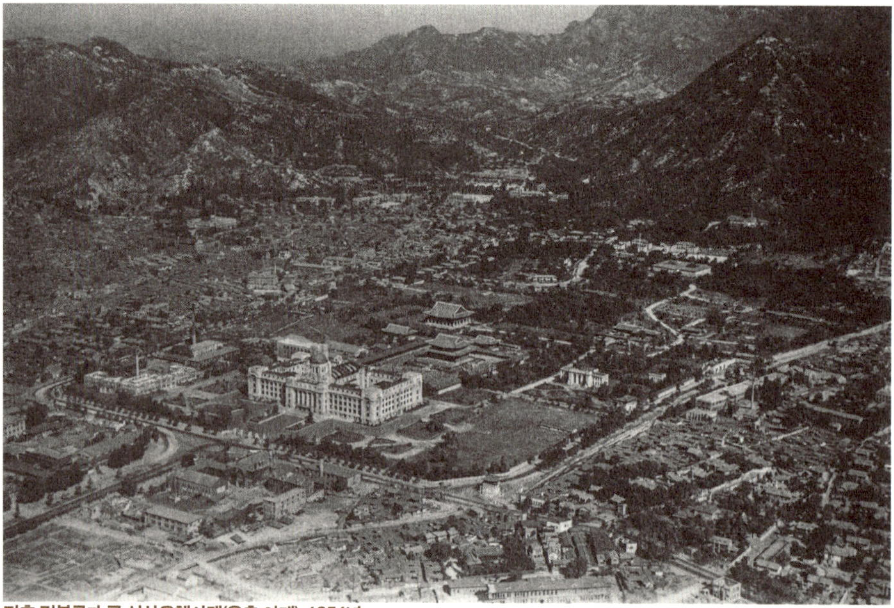

전후 경복궁과 구 식산은행사택(우측 아래), 1954년
ⓒ임인식, 청암사진연구소

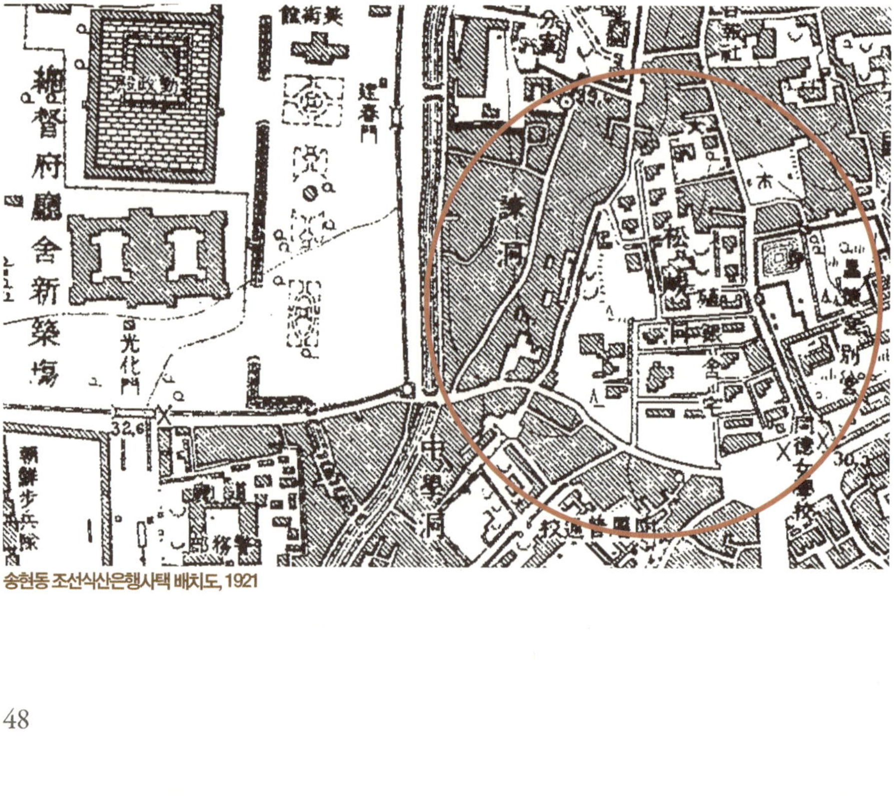

송현동 조선식산은행사택 배치도, 1921

송현동 미 대사관 직원 숙소(철거 전)
출처: 구글 2002

송현동 미 대사관 직원 숙소 일부(철거 전)
출처: rtouch

미 대사관 숙소 철거 직후, 2008
출처: 다음 위성사진

송현동 땅 현재.
출처: Vworld지도서비스

해방 후 송현동

이렇게 식산은행으로 넘어간 송현동 땅은 해방 후에는 적산으로 처리되어 국유화되었다. 그러나 이때 국유화된 송현동 땅은 미군정 당국에 의해 미군이 사용토록 정리되었다. 다시 우리 손을 떠난 것이다.

당시 신문기사*는, 조선식산은행 사택은 "집단적이고 교통이 편하며, 일인들 소유인 관계로 미군이 쓰기로 하였으며, 이미 식산은행 사택에 거주하고 있는 한인들에게는 다른 주택을 알선해 주겠다"고 전하고 있다. 미군들이 언제까지 사용하다가 미 대사관 직원 숙소로 용도가 바뀌었는지에 대해서는 알려진 바가 없으나, 1960년대 초에 발행된 미군용 지도에는 송현동 대지가 미군에 의해 점유되고 있음을 보여준다. 한국에 주둔했던 미군 입장에서 서구식으로 건축된 고급 단독사택이었던 송현동의 식산은행 사택은 미군의 고급 장교 숙소로서 최적의 건물이었을 것이다. 이로 인해 구 조선식산은행 사택은 미군이 떠난 후에도 미 대사관에 의해 직원용 숙소로 계속 사용되었다.

송현동 땅을 미 대사관이 사용하면서 기존의 식산은행 단독 사택의 대부분을 철거하고 집합주택으로 다시 건축하였으나, 그 시점은 확인이 되지 않는다. 다음의 그림은 미국에 의해 새로 지어진 직원 숙소의 배치 모습이다.

송현동에 대한 발굴 조사

2010년 대한항공에서 7성급 호텔을 짓겠다는 포부를 밝힌 후 건축 가능 여부에 대한 논쟁 속에 송현동 땅에 대한 발굴이 진행되었다. 발굴에서는 조선시대의 발굴지를 비롯해서 일제강점기 식산은행 사택의 유구와 미 대사관 숙소의 유구들이 시간의 역순으로 확인되었다.

발굴 과정에서 땅이 지내온 시간의 역사가 각 시대별 문화층에서 순차적으로 발견되었지만, 매장문화재로서 높은 가치를 지닌 유구는 발견되지 않았다. 경복궁과 가깝고 바로 옆에 안동별궁이 입지해 있다는 점을 감안하면 매우 실망스러운 결과가 아닐 수 없었다.

* 동아일보, 1947년 1월 31일,

가치 있는 매장문화재가 발굴되지 않았다는 사실은 건축주에게는 희소식이었고, 송현동 땅의 역사적 가치를 하나라도 더 챙겨서 호텔건축을 막고자했던 이들에게는 비보였다. 그런데 가치 있는 매장문화재가 발굴되어야 발굴된 유구가 터의 가치를 높여주고 그래야 송현동 땅에 호텔 짓는 것을 막을 수 있는 것일까? 일반적인 발굴에서는 맞는 말이다. 그러나 이 땅이 경우는 다르다.

원점으로 다시 돌아가 보자. 이 땅의 이름이 왜 송현동인가? 그리고 안국동에서 경복궁으로 가는 길목의 언덕의 이름이 왜 송현인가? 송현은 소나무가 우거진 땅과 언덕

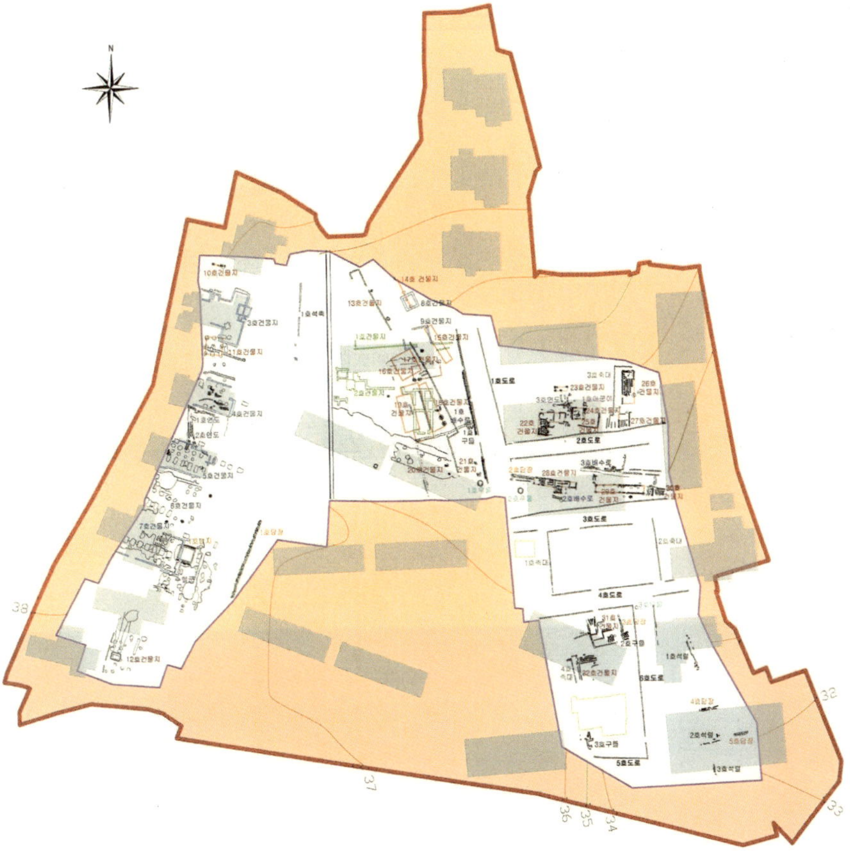

송현동 유구 배치도

조선시대 문화층의 유구
출처: 한강문화재연구원, 『제3차 지도위원회 자료』.

현대와 근대기 문화층
출처: 한강문화재연구원, 『제3차 지도위원회 자료』.

이기에 붙여진 이름인데, 어디에 소나무가 우거져 있었을까? 아무리 주위를 눈을 씻고 찾아봐도 소나무가 우거질 수 있는 곳은 바로 '송현동 땅'뿐이다.

이미 주거지와 관청으로 가득한 송현동 주변에서 소나무를 찾을 수 있는 곳은 '송현동 땅'뿐이다. 소나무가 울창해서 자신의 정체성이 송현으로 정해진 땅! 그런 땅에서 유구를 찾는 작업이 얼마나 의미가 있을까?

송현동의 의미와 가치

송현동에서 찾아야 할 것은 유구가 아니라 '왜 이곳에 소나무를 울창하게 심어놓았을까' 하는 점이다. 언덕이 높지 않고 경사도 급하지 않은 동향의 땅이라서 얼마든지 집을 지을 수 있는 땅이었음에도 불구하고 집을 짓지 않고 소나무가 울창하게 자라도록 놔 둔 것이 우연일까? 1915년 지도에서 나타나는 윤택영의 주택도 송현동 땅 중심에 자리 잡지 않고 한켠으로 비켜서 있음에 유의할 필요가 있다. 송현동 땅은 땅 속의 유구가 가치를 좌우하는 곳이 아니라 도심의 요지에 집을 짓지 않고 소나무로 채웠어야 하는 이유가 중요한 가치를 형성하는 땅이다.

경복궁과 북촌의 경계점에 위치한 송현은 마치 두 지역의 균형점과 같은 역할을 맡고 있다. 따라서 송현동 땅의 쓰임새가 어떻게 되느냐에 따라 경복궁과 북촌에 미치는 영향은 클 수밖에 없다. 송현동 땅의 쓰임새에 많은 사람들이 주목하고 경계심을 풀지 못하고 있는 이유이기도 하다.

'송현동 땅'을 건물이 아닌 나무로 채웠어야 하는 이유! 그 답 속에 경제적 가치는 물론 역사·문화적 가치와 생태적 가치 이상의 의미가 담겨 있지 않을까? 우리는 그 답을 찾아야 한다.

:::참고 자료

서울역사박물관, 2004, 『도성대지도』.

_____________, 2006, 『서울지도』.

조선총독부지형도, 백서방.

한강문화재연구원, 2010, 『제3차 지도위원회자료』.

_______________, 2012, 『서울 송현동 유적』.

송현동은
언제 우리 곁으로 올까

김원(건축환경연구소 광장 대표)

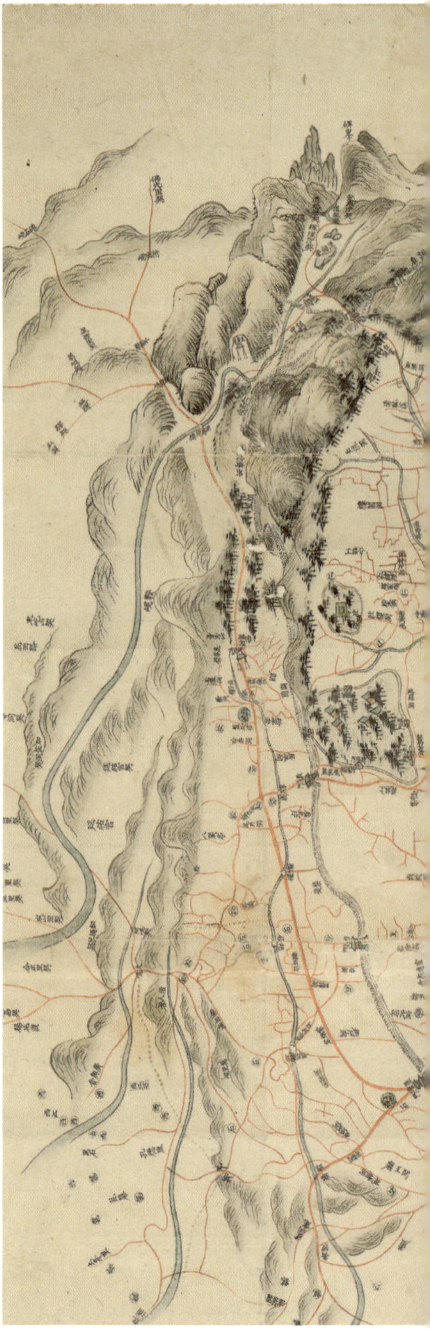

「도성대지도」(18세기)

송현동 땅은 일제 시 동양척식주식회사의 식산은행 직원 숙소였다가 해방 후 적산으로 압수되어 미군 장교 숙소로 사용되었다. 이 땅은 인왕산과 북악산 그리고 경복궁이 잘 어울리는 아주 좋은 자리이고 한마디로 궁궐터에 버금가는 요지라고 할 수 있다. 지도에서 보듯이 경복궁과 종묘의 중간에 위치한 최고의 환경이며 실제로 정도전과 무학대사의 좌향논쟁坐向論爭 과정에서 경복궁 터가 좌측으로 치우쳤다하여 이곳이 궁터로 거론된 흔적이 있다.

현재 송현동을 사진으로 보아도 북악산에서 내려온 두 개의 줄기 사이에 펼쳐진 땅의 모습이 한마디로 그 터를 닮았다. 박원순 시장이 "공공기관에서 썼으면 좋겠다"고 말한 이유가 이 사진에서 보인다.

송현동 땅을 종로구청과 맞바꾸면 어떨까 했던 몇 해 전의 논의에 대해 다시 한 번 이야기하고자 한다. 원래 종로구청장의 아이디어로 이곳에 규제가 심하므로 미술관을 겸한 구청을 짓고 종로구청 땅에 호텔을 지으면 고도제한도 완화되어 나름대로 북악산과 북한산의 경관을 살리는 호텔이 될 뿐 아니라 구청은 구청대로 시민에게 공개

삼청동 방향에서 중학천을 끼고 동십자각이 보이는 풍경(1929년)이다. 조선 말기의 이 사진을 보면 송현동의 위치는 지금보다 높은 위치에 언덕 모양으로 있다. 경복궁의 담장 모서리 끝에 동십자각이 있고 개천에 아낙네들이 빨래를 하고 있는데 그 뒤로 미루나무 언덕과 일제의 관사 건물들이 높은 언덕 위에 보인다.

송현동 부지

종로구청 · 야외미술관 가상 조감도(중앙일보, 건축환경연구소 광장 제공)

되는 공간이므로 미술관과 프로그램을 공유하고 안국 전철역에서 구청 마당을 지나 국립현대미술관에 진입할 수 있게 하면 북촌 주변과 미술관의 교통문제도 해결이 되겠다는 생각이었다.

중앙일보의 정재숙 기자가 두 번째로 그런 내용의 기사를 쓰면서 기왕이면 시각적으로 설명이 가능한 그림을 한 장 그려달라기에 현대미술관을 설계한 민현준 교수에게 미술관과 똑같은 개념으로 한 장 그려달라고 부탁을 했다. 그러나 민 교수가 당시 미술관 개관을 앞두고 구설수에 오르는 것이 싫다며 사양했고 내가 미술관을 그대로 모방한 그림을 그려주었다. 율곡로와의 경계는 담장도 없이 숲으로 우거진 조각공원이고 공원길을 따라 들어가면 미술관을 겸한 종로구청의 민원실이 나오고 그곳을 지나면 현대미술관과 직접 연결되도록 하자는 제안이었다. 물론 지하에는 4~5층 정도를 파내려간 주차장을 확보하여 북촌과 인사동 일대의 주차난을 일거에 해소할 수 있지 않을까 생각했다. 이에 대해 한진은 '내 땅에 내 돈으로 집 짓는데 제삼자가 왈가왈부하는 것이 우습다'는 안하무인의 재력가 같은 태도를 보였다. 그런 경우 '좋은 아이디어가 있으면 참고하겠다'는 정도의 여유를 보였더라면 싶었다.

송현동의 높은 담장은 미국 대사관 숙소 시절에는 한미 간의 국경선 개념이었다. 현재 북악산을 가리고 있는 담장 때문에 서울시민은 그 너머에 어떤 풍경과 사건이 있는지 알 수 없었다. 이 땅이 우리나라 재산으로 귀속된 후 나는 종로구청장에게 이 담장은 이제 불법건축물이니 헐거나 낮추어야 한다고 조언했다. 그 후 구청장이 담장 처리와 관련해 지시를 분명히 했는데도 도시관리국장은 아무런 조치를 하지 않았다. 이 담장은 서울시민의 조망권을 가로막고 서 있을 뿐만 아니라 뒤쪽으로 돌아가면 골목길 경계 부문에서 너무 높이 서 있어서 주거지구에서 기氣의 흐름을 끊고 있다. 더구나 시멘트 블록과 철조망으로 되어 있어 흉물스럽다. 마치 의정부나 파주 어디 미군부대 담장 모양 그대로이다. 서울의 도심지 한복판에서 도저히 묵과할 수 없는 전쟁터의 모습이다. 더군다나 허가도 없이 그 안에 있던 아름드리나무들을 몽땅 베어버린 사실에 대해서도 조사를 해야 한다. 도심의 오래된 숲을 땅 주인이라고 해서 임의로 벌채할 수 없는 일이 아닌가.

2008년 사업 계획 심의 당시 제출했다고 알려진 마리오 보타Mario Botta의 조감도를 보

송현동 담장

면 한진에서 지금까지 주장하였던 '전통미를 살린 복합문화단지한옥형 호텔'와는 거리가 멀다. 조감도를 보면 율곡로에 접한 곳에 호텔/기념품 건물을 배치하여 문화단지가 아닌 연립상가아케이드가 될 가능성이 높다. 그것은 지금의 담장보다 더 높이 시민의 조망권을 차단할 것이다. 특히 한옥형 호텔이라 주장했으나 한식 정자를 하나 갖다놓고 한옥 호텔이라고 주장하는 행태가 우습다. 또한 건폐율로 보아도 건축물들이 너무 빼곡하게 들어서 있어서 학교와의 사이에 녹지를 만들어 시선을 차단하겠다던 발표가 거짓말이었음을 알 수 있다.

한진에서 송현동을 "복합문화시설인 7성급" 호텔로 개발하겠다는 것은 국민을 기만하는 재벌의 술수라고 할 수 있다. 호텔은 숙박시설이지 절대로 문화시설이 아니다. 게다가 7성 등급호텔이란 존재하지도 않는다. 5성 호텔보다 두 단계 정도 업그레이드된 인상을 주려는 말장난에 불과하다. 걸핏하면 한진 측에서 동원된 것으로 의심되는 유명 필진들이 신문에 기고하기를 7성급 호텔이 이 지역에 들어서면 학생들도 "보고 배우는 바가 있을 것"이라 하고 학생들의 취업에 도움이 될 것이라고 하는데 이 또한 가소로운 이야기다. 또한 호텔이 완공되면 지역 주민들에게 수영장 등 호텔 체육시설

호텔 조감도

을 무료로 사용케 하겠다는 이야기도 하는데 그렇게 되지 않을 것이다. 법 개정을 통해서라도 처음 뜻을 관철하려는 한진의 집요함은 국무회의에 법안을 제출하는 것부터 국회가 나서서 법 개정안을 내는 것을 지나 행정소송에서까지 패하자 심지어는 법 개정에 이어 시행령 개정까지 전방위의 법적 투쟁을 하고 있으니 실로 재벌그룹의 위력을 실감한다.

드디어 현재는 학교정화위원회의 구성원을 비공개로 하고 있는 것을 교육부가 훈령을 개정하여 개발 시행자가 학교정화위원회에 출석해서 사업 설명을 할 수 있게 하려고 한다. 그리고 이미 서울서부교육청에서 송현동 부지에 호텔 건립에 대해 부적합이라고 판단하였는데 문용린 교육감은 이에 반하는 발언을 하고 있다. 대통령까지 나서서 일개 기업의 호텔 사업을 지원하는 분위기를 조성하는 것은 어이없는 일이다.

나는 이미 송현동 부지가 거래되었던 과정에 대한 정보공개 청구를 제안한 바 있다. 식산은행에서 몰수한 땅이 어떤 과정을 거쳐서 미국 정부의 소유가 되었고 50년이 넘는 사용기간 동안 어떤 협약이 있었는지 또한 우리 정부에 반환하는 과정에서 왜 국방부를 거쳐 재벌기업으로 가게 되었는지를 소상히 밝혀야 한다. 미국은 기업으로부터 받은 1400억 원을 왜 미국 본국으로 송금했는지 그리고 이 과정에서 양도소득세 등 국세는 제대로 납부되었는지도 확인해야 한다.

> 이 와중에… '학교 옆 호텔' 밀어붙이는 정부
>
> · '규제 완화' 포털 새단장… 1호 토론 주제 선정 물의
>
> 국무조정실이 28일 규제정보 포털사이트를 새롭게 단장했다. 모바일웹도 만들어 개통했다. 여객선 선령(船齡·선박연령) 제한을 20년에서 30년으로 늘린 규제 완화가 세월호 참사의 주요 원인 중 하나로 지목되고 있지만 정부는 규제 완화 정책을 강행하겠다는 입장을 분명히 한 것이다.
>
> 국무조정실은 이날 새로 개편한 규제정보 포털에 특정 규제를 놓고 국민들이 온라인에서 토론하는 '규제 법정' 코너를 신설했다고 밝혔다. 첫 번째 공개토론 주제는 '학교 주변 관광호텔 설치'다. 내달 28일까지 한 달 동안 여기에 올라온 의견을 취합해 소관 부처에 전달한다는 것이다. 하지만 세월호 침몰사고 이후 범정부적 규제 완화 추진에 제동이 걸리는 분위기에서 시기적·내용적으로 부적절하다는 지적이 나온다. 규제 완화 토론의 첫 번째 주제를 놓고 "지금 이 마당에 학교 주변에 호텔 짓는 게 토론 1호 사안이냐"는 비판도 있다.
>
> 정부는 청와대의 별도 지시가 없는 한 규제 완화 추진 방침을 바꾸거나 속도를 조절할 계획이 없다는 입장이다. 정부는 지난 3월20일 규제개혁장관회의 및 민관 합동 규제개혁점검회의에서 논의된 사안은 일정대로 밀어붙이고 있다. 실무진에서는 "안전규제는 재검토해야 하는 것 아니냐"는 우려가 나오지만 현재로선 '재검토는 없다'는 입장을 고수하고 있다._『경향신문』, 2014. 4. 28.

비즈니스 프렌드리를 역설한 이명박 대통령은 잠실에 롯데의 초고층 건축을 허용하기 위해 공군참모총장을 경질하고, 성남에 위치한 서울공항 활주로의 각도를 변경하였다. 이명박 대통령을 전례를 본받듯 박근혜 대통령은 경기 부양과 규제 철폐를 내세우면서 한진의 7성급 호텔 건축 허가에 앞장서고 있는데 이러한 모습은 일국의 대통령으로서 품격을 떨어뜨리는 일이다.

역사·문화는 규제가 아니라 보존해야 할 가치

황평우(한국문화유산정책연구소장, 문화재청 문화재전문위원)

목차

천박한 자본주의의 결정판 한국

천박한 자본주의의 산물인지 모르지만, 우리나라만큼 사유재산이 과도하게 보호받는 국가도 드물 것이다. 역사와 문화가 켜켜이 녹아 있는 건축물을 마구잡이로 철거해도, 공동체 삶을 오랫동안 어렵사리 꾸려가는 마을을 주거시설 개선이라는 핑계로 밀어버려도, 당대 사람보다 몇 겹을 더 뿌리내리며 지켜보고 있는 마을 숲이 사라져도, 멀쩡하게 도로가 있는데 바로 옆에 평행하게 또 다른 도로를 건설해도, 이미 정책 결정이 난 것이려니 하거나 주어진 예산을 집행하는 행위로 인식하고 만다.

사람살이의 행복지수는 상대적이며, 인간은 밥으로만 사는 것이 아니라 주어진 상황을 보편적 가치인 자기중심적 판단으로 받아들이면서 타인에 대한 배려로 살아가기 마련이다. 그러나 우리 역사를 보면 근세 왕권 통치 아래 민중의 행복추구권은 무시되었고 이를 민중의 자발적 의지로 해결하려는 노력은 수구 세력들과 외세에 의해 여지없이 짓밟혔다.

개화파인 김옥균은 근대적 도시 계획이라는 명목으로 1882년에 쓴 『치도약론治道略論』을 통해 도성 내의 도로 정비와 위생문제 해결과 농업문제 해결 방안을 제시했다. 개화파가 몰락하고 친일파가 득세하자 일제와 친일파 역시 조선의 수도였던 한양을 철저하게 파괴했다. 그중 1916~1919년 제2대 조선총독으로 강압 통치를 시행한 것으로 악명 높은 하세가와 요시미치는 1904년 9월부터 1908년 11월까지 조선군사령관으로 있으면서 한양 도성을 철저히 파괴했다. 이후 일제는 개발이라는 미명 아래 전국에 신작로를 내고 수탈해야 할 농산물 양을 증대하기 위해 농촌개량사업에 착수했으며, 서울·군산·인천 등에 집단시설을 계획하기 시작했다. 이렇게 조선을 점령한 일제는 자신들의 야만적 제국주의의 욕심을 채우기 위해 조선을 근대화한다는 핑계로 전 국토를 마치 기계충에 걸린 소년의 머리처럼 만들어놓고 말았다.

일제 강점기 이후에도 대한민국 정부는 천박한 개발 지상주의를 부르짖으며 브레이크 없는 덤프트럭을 운전하면서 수많은 우리의 전통문화를 짓밟고 훼손했다. 백제와 조선을 합하면 서울은 1300년이 넘게 국가의 수도였다. 그러나 서울은 1300년의 역사와 문화전통을 말로만 보존 할뿐 실체는 없는 꼴이다. 일제에 의해 훼손되고 우리의 무관심으로 방치되어 있다가 얼마 전부터 중건하여 원래 모습보다 극히 일부가 남아 있는 조선 궁궐이 그나마 서울의 역사를 가는 숨소리로 그 존재를 알려주고 있다.

덕수궁 터옛 경기여고 터에 18층의 미국 대사관과 직원 아파트 건설을 허용하고자 하는 정부의 방침에 전 시민의 힘으로 저지했지만, 문화산업 및 컨벤션산업을 활성화한다는 미명 아래 국보와 보물, 세계문화유산인 궁궐을 일부 특권층의 저녁 만찬용으로 세트화하려는 천박한 활용론이 우리의 소중한 문화유산에 도전장을 내밀었다. 경복궁에서 세계 각국의 검사들과 금융인, FIFA인사들이 경회루 앞에서 술파티를 하고, 궁궐과 아무 관련도 없는 주부클럽연합회의 신사임당 선발대회, 심지어 사회의 부조리에 대해 소금 역할을 해야 할 신문사들까지 그들의 권력을 이용해 국보와 보물인 궁궐을 자신들의 일회성 저녁 만찬용으로 격하시켰다.

청계천 복원을 살펴보자. 청계천은 조선의 중심인 한양의 도성 궁궐과 함께 600년의 역사가 흐른 곳이다. 그런데 청계천을 겨우 2년 넘은 공사로 복원(?)을 했다고 야단법석이다.

제자리를 떠나버린 외로운 섬이 되어버린 중건한 광통교는 조선시대 화강암 조각 기법을 다양하게 연구하고 소개할 수 있는 문화유산임에도 불구하고 미술사적 가치는 상실되어 있다. 또한 조선시대 다리 공사의 토목 기법을 보여주지도 못하고 있으며, 1800년경 확장된 광통교의 흔적을 살리지 못해 역사성마저 상실한 광통교가 되고 말았다. 청계천 시궁창 밑에서 마치 고대 그리스 유적의 신전처럼 당당히 나타났던 양측면의 석축들은 이리저리 그라인더로 가공되어 신형 부재들 사이에 초라하고 지친 모습으로 삐죽 얼굴을 내밀고 있다.

수표교는 문화재위원회에서 '원위치에 온다'라는 결정을 통보했지만 서울시는 다른 공사는 2년에 마치면서 수표교의 안전성 검사를 핑계로 아직까지 검토 결과를 공식적으로 보고조차 하지 않고 있다. 수표교 남측의 교대다리벽 매입에 몇 백억이 든다는 모호한 숫자 공포주의를 흘리며 수표교 제자리 찾기에 핑계만 대고 시장 한 마디에 몇 십억 원을 써가며 모전교의 디자인을 바꾸는 이율배반을 보였으면서 말이다.

오간수문 역시 문화재위원회에서 발굴된 기초석들을 후대에 도성 중건의 기준이 될 수 있기 때문에 원위치에 놓으라고 결정했으나 서울시는 그 결정을 따르지 않고 있다. 아마도 서울시의 오만은 문화재위원회의 결정을 따르지 않는 유일한 사례로 기록될 것이다. 중랑하수종말처리장에는 서울에서 모인 각종 오물과 잡초 속에 훼손·방치된 청계천 출토 석재들이 나뒹굴고 있다.

문화재위원회가 덕수궁과 원구단의 역사성을 훼손한다는 이유로 그토록 거부하는 서울시 신청사를 시민의 혈세 30억 원을 들여가며 설계 변경하여 남들은 한 번 내기도 어려운 문화재 주변 현상 변경을 무려 세 번이나 심의를 요구하고 4수에 도전하는 만용을 부렸다. 서울시는 청계천 중건 시 약속했던 흥인지문동대문 주변의 도성 복원 계획을 나몰라 하면서 우리나라 최초의 체육시설인 동대문운동장을 밀어버리고 디자인센터를 지었다. 동대문운동장의 철거에 대해 필자는 청계천 중건 시 한양도성 복원이 장기 과제로 갈 경우 그대로 존치해야 한다는 입장을 내세웠다. 우리나라 체육이 엘리트 체육이라는 한계가 있음에도 불구하고 세계 체육사에 10위권에 도달한 원동력이자 산 역사가 바로 동대문운동장의 역사와 같이하기 때문이다. 체육이 세계 10위권에 도달했다면 정치나 지자체의 역량은 과연 몇 위일까? 악화가 양화를 구축한다는 말이 실감난다.

또한 서울시는 세계문화유산 종묘 앞에 세운상가를 헐고 150m의 대형 재건축단지를 조성한다고 했다. 역사문화경관을 무시한 처사이다. 그런데 이곳에(세운 4구역) 또 다시 75m 높이, 21층 규모의 복합상가가 추진 중에 있다. 세계유산 종묘 앞에 말이다. 경복궁 앞에 한국일보를 헐고 대형 건물 신축을 한국일보가 입주한다는 조건 아래 허가했는데, 결국 한국일보는 입주하지 않았다. 높이를 올려줬는데 말이다. 덕수궁의 후원인 상림원에 최고급 아파트가 들어서는 것을 허가하면서 서울을 유네스코 문화유산에 등재하겠다는 만용을 부리고 있다.

대경성대관, 1936, 조선신문사

현재 문제가 되고 있는 송현동과 그 주변의 역사적 흔적은 덕성여중고와 풍문여고 내의 안동별궁이다. 송현동을 중심으로 우측에 있었던 안동별궁 내 주요 건물은 1964년 당시 정부의 도시계획에 의해 팔려나갔다. 안동별궁의 건물 3채 가운데 '경연당'과 '현광루'는 한양컨트리클럽이라는 골프장에서 발견된 뒤 현재 부여의 국립전통문화대학교로 이전됐다. 또 하나의 주요 건물인 '정화당' 은 서울 우이동에 있는 메리츠보험사 연수원 안에 있다.

한양컨트리클럽에 있던 현광루

쌍문동에 있는 덕성여대의 설립자 저택(현 효문 고등학교)에도 안동별궁에서 매입한 건물이 남아 있었다고 전해지나 현재는 효문 고교가 들어섰고 건물은 충청도로 이전했다고만 전해진다. 필자는 1990년대 그곳에 있었던 한옥 건물과 정원을 목격했다. 또한 남이섬 유원지 동쪽 끝에 '정관루'

남이섬의 정관루

라는 이름이 붙은 목조 건물 한 채가 있다. 정면 7칸 측면 4칸 규모의 이 건물은 현재 국악 공연장 등으로 사용되고 있다.

남이섬 유원지측은 이 건물을 1965년 무렵 서울에서 옮겨온 것이라고 밝혔다. 강우현 ㈜남이섬 사장은 "처음 남이섬을 가꾸기 시작한 민병도(전 한국은행 총재) 선생이 서울 종로구 안국동 풍문여고 자리에 있던 건물을 이곳으로 옮겨왔다는 이야기를 들었다"고 했다. 고종 18년(1881)에 지어진 안동별궁은 명성황후의 정치적 힘을 상징하는 궁이었으나 왕조의 몰락과 함께 1936년 여흥 민씨 후손들과 금광으로 큰 부자가 된 최창학에게 불하·매각됐다. 직각기둥이 아닌 원기둥을 사용한 것이나 주춧돌을 다듬은 방식, 목재를 짜맞춘 방식 등으로 조선 후기에 지어진 궁이나 관청 건물이었을 것으로 추정되며 건물 가운데에 넓은 방이 있고 방 양쪽으로 툇마루가 있는 구조로 가정집에서는 볼 수 없는 양식이다. 이 건물들은 한국전쟁이 끝난 뒤 서울 시내가 본격적으로 개발되면서 수많은 문화재급 건물들이 해체되는 과정에서 당시 고위직 인사들에 의해 사유지로 옮겨진 것으로 보고 있다.

송현동 좌측에 있는 현대갤러리 안의 두가헌이라고 이름이 바뀐 곳은 고종의 후궁 광화당 이씨와 삼축당 김씨의 거처였다. 두가헌 지붕에 있는 잡상어처구니은 궁궐 건물임을 알려준다. 두가헌 앞마당에 있는 서양식 2층 건물 내부에도 조선의 상징인 이화문양이 남아 있다. 삼축당 김씨가 사망하고 이 건물은 원불교로 넘어갔고 그 후 개인에게 매각되어 지금은 와인레스토랑으로 변해 있다. 두가헌이라는 이름은 유홍준 교수가 지었다고 한다(광화당과 삼축당 자료는 별첨과 같다).

송현동 터는 조선시대 소나무 언덕이었던 것으로 추정한다. 이후 1914년 조선총독부의 시구개정사업으로 안국동을 중심으로 현재의 감고당길을 보신각까지 확장하여 연결하고 동서방향으로 율곡로를 확장하는 방사형 도로망을 계획했으나 실현되지 않았다. 일제강점기 초 현재 대한항공 소유한 부지는 박영정(송현동 48번지), 윤택영(송현동 49~56번지), 윤덕영(송현동 97번지)의 소유였으나 모두 조선식산은행에 넘어갔고 그곳에 당시 '최고로 문화적'이라는 집들이 지어졌다(자세한 내용은 앞의 안창모 교수의 글 참조). 해방 이후 이 건물들은 적산으로 국유화되었으나 미군은 대사관 직원 숙소 용도로 이 적산가옥을 거의 강제로 불하받았다. 이렇게 하여 송현동은 50년 넘게 남의 땅으로 점령되어버렸다.

토건과 자본의 상징인 새마을과 뉴타운

해방 이후 이승만 정권의 의해 일부 집단 주거시설이 계획되었고 군사 쿠데타로 집권한 박정희 정권은 경제개발 우선 정책을 시행했다. 박정희 정권은 세계경제의 호황과 더불어 일시적인 효과를 보았으나 1970년대 초 오일쇼크를 겪으며 위기에 봉착했다. 1972년 10월 비상계엄령과 유신통치를 단행하며 소비재 중심의 경공업에서 중화학공업 중심으로 재편하며 철강, 조선, 기계, 전자, 화학, 비철금속 등에 대한 지원과 투자를 집중하였다. 투자재원은 국제 금융자본 및 일본 자원의 막대한 유입이었다. 이는 단기적으로 투자기금 조성, 저축 증대, 조세 증가를 가져왔지만, 필연적으로 통화팽창과 이에 따르는 인플레이션을 야기하였으며 이는 토지 및 주택가격의 폭등으로 이어졌다. 이 과정에서 아파트에 대한 투기수요가 급증하였으며, 도로 신설과 각종 대규모 토목공사에 필요한 정치권력과 결탁한 자본가들을 양산할 수밖에 없었다.

정치권력과 결탁한 자본가들은 이후 1970년대와 1980년대 취락구조 개선사업, 즉 새마을이라는 이름 아래 서울 외곽 지역의 간선도로변에 있었던 농촌형 취락들에 대해 불량주택을 개선하고 도로 및 공동이용시설 등을 정비한다며 마구잡이식 개발에 착수했다. 또한 1986년과 1988년 국제행사를 치르며 도시미관 정비라는 명분으로 주요시설 및 간선도로 주변에 자리 잡은 주거시설을 정비하며 정치권력에 길들여진 자본가의 배를 불려주었다.

정치권력과 자본가들에 의해 주도된 취락구조 개선사업은 장기적이고 지속 가능한 개발이기보다는 법적인 근거가 없이 대통령의 긴급명령이나 특별지시에 의해 시행되었기 때문에 많은 부작용을 낳았다. 결국 이들은 법적으로 안정된 장치를 마련하여 이익을 확보하기로 하고 도시계획사업(일단의 주택지 조성사업)으로 전환하여 시행에 이른다. 이러한 과정을 거쳐 일제의 수탈을 위한 개발정책과 농촌개량 방법을 모방한 유신정권의 새마을사업을 승계해서 세계화에 발맞추어 영어로 명칭 변경을 단행한 '뉴타운New Town'이라는 괴물이 만들어졌다.

도시의 역사와 문화를 파괴하고 생활공동체를 훼손한다는 수많은 지적에도 불구하고 정치권력과 자본권력은 밀어붙이기식 난개발에 의한 떡고물을 더욱 공고히 하는 뉴타운 개발방식을 채택했다. 2005년 12월 8일 통과된 뉴타운 특별법안, 도시구조개선 특별법안, 도시 광역개발 특별법안이 합쳐진 '도시재정비 촉진을 위한 특별법안'이 그것이다. '재정비촉진지구'로 지정되기만 하면 민간이 뉴타운 사업을 해도 용적률 완화, 층높이 완화, 소형의무비율 완화 등의 종합선물세트를 무더기로 안겨주는 내용이었다.

'뉴타운 특별법안'은 서울시를 대상으로 한 것이고, '도시 광역개발 특별법안'은 인구 50만 이상인 도시를, '도시구조개선 특별법안'은 모든 도시를 대상으로 한다는 점에서 이해관계가 모두 다른데, 이 법안들을 전국 도시에 일률적으로 적용할 수 있는 특별법으로 만들어낸 국회는 실로 대화와 타협을 통해 자신들만의 이익 창출을 위해 의견일치를 보여주었다. 전국을 대상으로 하는 '도시재정비 촉진을 위한 특별법'은 지금까지 문화재 지표조사, 환경영향평가 등으로 조심스레 눈치 보며 진행하던 사업을 '국가 인증' 완장을 차고 당당하게 난개발을 하라는 것이다. 막아도 될까 말까 한 그린벨트와 그나마 군사보호지역으로 있어서 난개발을 예방할 수 있었던 것을 정부가 나서서 풀어주니 허가받은 도적질이 아닌가?

항상 그래 왔듯이 이들 법에 의해 시행된 사업의 개발이익은 영구임대주택 건설, 공원, 문화시설 등의 기반시설을 위해 사용될 것이라며 양치기 소년처럼 외친다. 정치권력을 더 누리고 싶은 정치가는 돈이 필요하고, 건설자본가들에게 막대한 이익을 주고 뒷돈으로 정치권력을 누리고 싶을 것이다. 이러한 문제 외에도 도시재정비 특별법은 재정비하려는 진정성에 대한 의제를 상실하고 있으며, 특히 재정비 대상 지역에 대한 다양한 문화층의 조사도 빠져 있다. 다양한 사람들이 살며, 그들이 형성해 놓은 도시나 마을은 '재정비의 대상이 아니라 주체'여야 한다. 대규모 콘크리트 괴물에 사람을 가두어놓는 것은 죽음을 강요하는 것과 다름없다. 대규모 집단시설은 지나치게 많은 에너지가 필요하다. 또 다른 환경과 문화를 파괴한다. 개발 중심의 가치관과 잣대만으로 도시를 건설하려 한다면 얻는 것보다 잃는 것이 더 많다.

관광호텔보다 교육과 역사가 우선

송현동은 소나무 언덕이다. 조선시대에도 경복궁과 민가들의 완충지대로 삼아 개발을 억제했다. 역사적인 이곳이 친일세력과 점령군 미군의 숙소에서 이제는 거대자본들의 노리개가 될 지경이다. 한국의 거대 자본 삼성이 송현동을 개발하려 했으나 실패했다. 한진그룹은 이미 삼성이 실패한 것을 알고 부지를 매입했다. 즉, 안 될 것을 알면서도 정치권력과 자본권력으로 밀어붙일 야욕이 있었던 것이다. 다시 말하지만 송현동은 더 이상 자본권력에 의해 농락당하지 말아야 한다.

한진이 추진하다가 실정법에 막혀 거의 포기해야 할 지경에 처해 있는 경복궁 옆 송현동 7성급 호텔 건립을 이제는 막무가내로 정부의 힘으로 밀어붙이고 있다. 한진은 서울 종로구 송현동 49-1 일대(면적 3만 6642㎡) 옛 주한 미국 대사관 직원 숙소 부지에 지상 4층, 지하 4층 규모의 7성급 고급 한옥호텔과 전통정원, 게스트하우스, 공연장, 갤러리 등이 함께 들어서는 복합문화시설을 짓을 것이라고 주장하고 있다. 그러나 한옥호텔과 전통정원의 규모와 형태를 공개한 적은 없다. 필자는 한옥과 전통정원이

7성급 호텔 건축의 인테리어 소품에 불과할 것이라고 의심한다.

호텔은 시설, 서비스, 안정 등 각 분야를 고려해 등급을 매긴다. 호텔 등급은 각 나라의 상황에 따라 그에 맞는 기준을 정해 부여하기 때문에 전 세계적으로 표준화된 규격이 있는 것은 아니다. 그러나 호텔 등급은 고객이 호텔을 선정하는 중요한 기준 역할을 한다. 우리나라는 관광호텔의 등급을 '특1급, 특2급, 1등급, 2등급, 3등급'으로 구분하며 3년마다 호텔 등급 심사기관에서 평가하여 정한다. 평가는 호텔의 서비스, 시설, 안전, 주차, 회의시설, 종업원의 복리후생시설 등 호텔 경영 전반에 걸쳐 이루어진다. 그런데 우리나라는 호텔 등급을 국화인 무궁화로 표기한다. 특1급은 금색 무궁화 5개, 특2급은 녹색 무궁화 5개, 1등급은 녹색 무궁화 4개, 2등급은 녹색 무궁화 3개, 3등급은 녹색 무궁화 2개를 입구에 표시하고 있다.

일반적으로 특1급과 특2급 호텔을 특급 호텔이라고 하며, 1·2·3등급 호텔은 관광호텔이다. 즉, 1등급 호텔이라고 해도 1등 수준의 호텔이 아니다. 대한항공에서 말하는 7성급이라는 단어는 법률적 용어도 아니며, 호텔의 등급을 별로 표시하는 중국의 호텔 기준일 뿐이다. 우리나라 호텔의 공식 등급은 무궁화 5개이지만, 7성급이라는 단어는 그보다 더 고급의 시설과 서비스를 갖춘 호텔이라는 마케팅적 술수에 불과하다. 문제는 호텔의 부대시설을 건립 후에도 언제든지 추가할 수 있다는 점이다. 카지노도 가능하며, 술집, 나이트클럽도 가능하다. 심의에서 통과만 되면 가능하기 때문이다.

송현동 터의 뒤에는 덕성여중·고가 있고 옆에는 풍문여고가 있어 「학교보건법」상 관할 교육청의 승인이 없으면 호텔 건립이 불가능하다. 한진은 호텔 건립을 강행하기 위해 서울시교육청과 행정소송까지 벌였지만 서울행정법원과 서울고법뿐만 아니라 대법원에서도 패소했다. 그런데 황당하게도 이런 사법부의 결정을 정부의 문화체육관광부가 나서서 파기하려 하고 있다. 정부가 앞장서서 대기업의 막힌 활로를 뚫어주고 있다는 것이다.

문화체육관광부에 묻는다. 유흥시설이 없는 숙박시설에서 손님은 그냥 잠만 자는가? 어떤 형태로든 공부하는 우리의 자녀들에게 영향을 줄 수밖에 없는 것을 왜 모르는가? 한진은 "단순한 호텔이 아닌 문화복합시설로 짓기 때문에 학생들의 면학 분위기를 해치거나 유해환경을 조성할 여지가 없으며, 다양한 전통문화시설이 같이 지어지고 인근 학교에서 호텔 내부가 들여다보이지 않도록 주변에 조경을 충분히 할 계획"이고 "학생들이 고급 문화시설을 체험 학습의 장으로 이용할 수 있다는 점에서 오히려 교육에 도움이 될 것"이라고 말한다. 그러나 조경을 하면 호텔 내부가 안 보인다는 발상이 어떻게 가능했을까? 무슨 나무로 조경을 하는데 4층 규모의 호텔을 가릴 수 있을까? 나뭇잎이 지고 없는 늦가을, 겨울, 봄에는 무엇으로 가릴까? 여학생들이 고급 호텔에서 고급 문화시설 체험 학습을 한다는 발상은 또 뭔가? 도대체 무슨 체험 학습을 한다는 것인가? 왜 이렇게 생각이 없는 짓들만 하는지 이해가 안 간다. 또한 업체들이 가장 잘 하는 것이 완공 후 용도 변경 아닌가? 완공 후 용도 변경은 문화체육관광부의 책임이 아니니까 막가파식 정책결정을 하는 것 아닌지 의심스럽다. 정부의 정책은 공평무사해야 한다. 특정 기업에 특혜를 주는 행위의 결과는 철장행밖에 없다는 사실을 명심해야 한다.(서울에 숙박시설이 부족하다는 것에 필자도 동감한다. 특히 중저가 숙박시설이 부족하다. 그런데 서울에는 공실률이 높은 건물이 많다. 이런 건물들을 구조 변경을 통해 숙박시설로 변경해보는 것도 한 방법일 것이다.)

호텔이 들어서는 곳은 경복궁과 불과 100m 정도 떨어져 있다. 호텔의 가치가 경복궁의 역사·문화적 가치와 학생들의 교육권보다 우선할 수는 없다. 우리는 문화재 주변에 어울리지 않은 시설물들에 대해 분명히 반대의 입장을 가져야 하며, 문화유산 주변의 경관 보존에도 최선을 다해야 한다.

1972년 유네스코는 세계유산보호협약을 통해 탁월한 보편적 가치를 지닌 인류의 문화 및 자연유산 보호에 나섰다. 그동안 자연경관과 문화유산을 이분법적으로 나누었던 것을 통합하는 의미 있는 국제협약이었다.더 나아가 1992년 세계유산위원회WHC 제16차 총회에서는 문화경관이 가지고 있는 결합적 가치, 즉 주민과의 관계 및 생물다양성 보호를 연계해서 새롭게 인식할 필요성이 제기되었다. 인류의 탁월한 유산 가치를 보호하기 위해서 자연과 문화의 이분법을 탈피하는 보다 적극적 사고가 필요하다는 것이다. 이에 따라 '문화경관cultural landscape' 개념이 도입되었고 이에 대한 실무지침서를 개정했다.

이 지침서의 제10항은 문화경관을 세 가지 유형—①인공 조성 경관(Clearly defined landscape: 정원, 공원 등으로 심미적 가치 보유. 종종 종교적 목적 혹은 주변 인공 건조물과 연계), ②진화 경관(Organically evolved landscape: 사회·경제·정치·종교적 함축된 의미를 지니면서 자연환경과 결합되거나 반응하여 발전된 경관), ③결합적 경관(Associative landscape: 주로 자연환경에 반응한 문화적 결합체)—으로 구분하고 이에 부합되는 유산 중 탁월한 보편적 가치를 지닌 것을 세계유산으로 등재할 것을 권고하고 있다.

1992년 실무지침서가 개정된 이후 2003년까지 30여 개의 문화경관이 세계유산으로 등재되었다. 그러나 이전에 등재된 유산을 포함하고 문화경관 개념을 넓게 감안한다면 이미 등재된 유산 중 약 100여 점(유럽 66, 아·태 21, 라틴 5, 아랍3, 아프리카 5)가량이 문화경관으로 분류될 수 있다. 즉, 한양도성 내와 경복궁 같은 궁궐 문화유산 주변은 역사·문화경관 차원에서 엄격한 고도제한과 난개발을 억제해야 한다. 억제는 막무가내식 개발에 대한 것이지 문화유산의 경관 보존에 도움이 되는 행위는 억제 대상이 아니다. 7성급 호텔은 분명히 지어서는 안 될 대상이다.

급격한 산업화와 도시화에 따른 개발 욕구의 팽창으로 켜켜이 녹아 있는 과거의 이름들을 보존하는 노력은 그만큼 어려움에 봉착하고 있다. 주변 경관의 훼손으로 세계유산에서 취소된 독일의 드레스덴의 교훈을 생각해야 할 것이다.

박근혜 대통령이 지난번 한반도 평화통일 구상을 발표한 드레스덴은 '환경 보전 실패'의 아픈 상처를 안고 있는 도시다. 이 지역 엘베강 유역이 유네스코가 지정한 세계문화유산으로 등재됐다가 몇 년 뒤 지정이 취소돼버렸기 때문이다. 모든 것이 4차선 다리 하나 때문이었다.

드레스덴 엘베 계곡은 수려한 경관과 16~18세기에 지어진 성곽과 왕궁 등의 건축물이 잘 어우러진 곳으로 2004년 유네스코 세계문화유산으로 등재됐다. 그러나 기독교민주당이 장악하고 있던 이곳 지방정부가 시민사회단체 및 다른 정당들의 반대를 무릅쓰고 엘베강의 남과 북을 연결하는 다리 건설을 추진했다. 드레스덴 시내의 심각한 교통난 해소가 목적이었다. 노벨문학상 수상자인 귄터 그라스를 비롯한 많은 저명한 인사들이 반대 운동을 펼쳤고, 독일 중앙정부까지 나서 말렸지만 막무가내였다. 쾰른 시의 경우 고층 건물을 세우려는 계획을 추진하다가 유네스코가 쾰른 대성당의 세계문화유산 등재 취소를 경고하자 즉각 중단했으나 드레스덴은 달랐다. 결국 유네스코는 2009년 6월 이곳을 세계문화유산 목록에서 삭제하기로 결정했다. 다리는 2013년에 완공됐으나 독일인의 자부심은 깊은 상처를 받았다.

그동안 논란을 빚어온 경복궁 옆 관광호텔 건설이 정부의 규제 철폐 정책에 힘입어 급류를 탈 것이라고 한다. 대한항공이 7성급 관광호텔 건립을 추진해온 서울 종로구 송현동 옛 미국대사관 숙소 부지는 경복궁을 마주하고 있는데다 근처에 풍문여고, 덕성여중·고 등이 있어 학교보건법 등에 따라 관광호텔 건립이 금지돼 있다. 그런데 정부는 투자 활성화를 이유로 학교 주변의 호텔 건립을 허용하는 규제 개선안을 지난달 26일 경제관계장관회의에서 처리했다. 드레스덴의 경우 그나마 주민투표라도 실시해 다리 건설의 명분을 쌓았으나 이런 여론수렴 절차도 없이 밀어붙이는 형국이다. 박 대통령이 드레스덴에 가서 눈여겨봤어야 할 것은 바로 '야만적 건축'의 교훈이었다.*

이와 같은 위험한 목록에 등재된 제2·3의 쾰른 성당이 창덕궁이 될 수도 있고 불국사가 될 수도 있다. 한양도성의 세계유산 등재는 더더욱 어려울 것이다.

좋은 환경에서 교육을 받을 권리와 경복궁의 역사·문화경관은 관광사업보다 우선해야 한다. 학생들의 교육권과 문화유산의 경관은 아무리 강조해도 지나치지 않다. MB 정부는 5년 내내 대기업과 특정 세력의 배만 채우는 정책을 펼쳤을 뿐이었다. 소수 토건세력들을 이용해서 실용과 지방분권을 무기로 자손만대로 물려주어야 할 아름다운 강산을 마음대로 유린했다. 전 국토를 유린하며 실패로 결정되어가는 4대강 사업이나 제주 강정의 해군기지 사업, 아라뱃길 사업, 지리산 댐 등등 어느 하나도 역사와 문화유산 앞에 겸허한 마음이 없는 정부였다. 박근혜 정부는 더 이상 사업을 추진하거나 만들지 말라.

---

* 2014년 3월 페이스 북에 「드레스덴의 교훈」이라는 글을 올린 후 한겨레신문사 김종구 논설위원을 만나 드레스덴 이야기를 사설이나 칼럼으로 써볼 것을 제안했다. 김종구, 「드레스덴과 경복궁 옆 관광호텔」, 『한겨레』, 2014년 4월 9일.

고종황제 후궁 광화당(光華堂) 이(李完德)씨가 11일 밤 11시 반 서울 종로구 사간동 106 자택에서 향년 82세로 별세했다. 이씨는 22세 때 고종의 후궁으로 들어가 1914년 왕자를 낳았으나 곧 숨졌고 고종마저 34세 때 승하하는 바람에 평생을 그늘 속에서 살아왔다. 장례 일자는 추후 결정 예정._『동아일보』, 1967년 11월 11일.

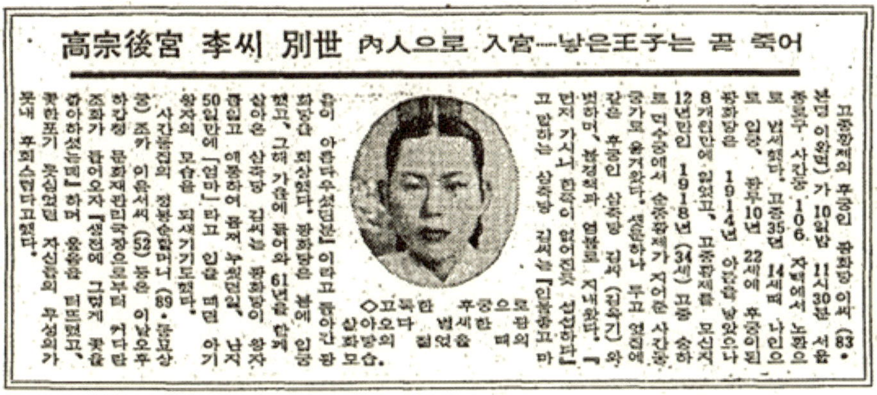

高宗後宮 李씨 別世 內人으로 入宮—낳은王子는 곧 죽어

고종황제의 후궁인 광화당 이씨(83・본명 이완덕)가 10일밤 11시30분 서울 종로구 사간동 106 자택에서 노환으로 별세했다. 고종35년 14세때 나인으로 입궁, 광무10년 22세에 후궁이된 광화당은 1914년 아들을 낳았으나 8개월만에 잃었고, 고종황제를 모신지 12년만인 1918년(34세) 고종 승하로 덕수궁에서 순종황제가 지어준 사간동 궁가로 옮겨왔다. 생존하나 두고 엽전에 같은 후궁인 삼축당 김씨(김옥기)와 벗하며, 불경책과 염불로 지내왔다. 「먼저 가시니 한쪽이 없어진듯 섭섭하다」고 말하는 삼축당 김씨는 「인왕봉고 마음이 아름다우셨던분」이라고 돌아간 광화당을 회상했다. 광화당은 봄에 입궁했고, 그해 가을에 들어와 61년을 함께 살아온 삼축당 김씨는 광화당이 왕자를 잃고 애통하여 울며 누웠던일, 남지 50일만에 「엄마」라고 입을 떼던 아기 왕자의 모습을 되새기기도했다.

사간동집의 정봉순할머니(89・종묘상궁) 조카 이윤서씨(52) 등은 이날오후 하갑청 문화재관리국장으로부터 커다란 조화가 들어오자 「생전에 그렇게 꽃을 좋아하셨는데」하며 울음을 터뜨렸고, 꽃한포기 못심었던 자신들의 무성의가 못내 후회스럽다고했다.

◇고독한 후궁으로 살아오다 별세한 광화당의 젊었을 때의 모습.

『조선일보』, 1967년 11월 12일.

고종의 후궁 광화당 이완덕(83) 씨가 10일 밤 서울 종로구 사간동 106 자택에서 노환으로 별세했다. 14살 때 입궁한 광화당 이씨는 22살 때부터 왕의 총애를 받아 30세에 왕자를 낳았으나 ○○○에 숨을 거두었고 34세에 고종이 승하하자 사간동으로 옮겨와 40년간 외부와 절연된 쓸쓸한 생활을 해왔다. 6년 전부터 ○통으로 고생해온 광화당은 문화재관리국이 매달 지급하는 16만원으로 생활해왔으며 독실한 불교신자로 불경을 외고 신문을 읽는 것이 유일한 낙이었다._『한국일보』, 1967년 11월 12일.

고종후궁(高宗後宮) 장례(葬禮) 엄수

고종황제의 후궁 광화당 이씨(고종황제 후궁)의 장례식이 16일 오전 11시 금곡에 있는 고종황제의 묘소인 유릉 장원 밖에서 약 50여명의 종친들이 참석한 가운데 쓸쓸히 거행됐다._『조선일보』, 1967년 11월 17일.

광화당 이씨(光華堂 李氏) 고종(高宗) 곁에 안장(安葬)

지난 10일 노환으로 별세한 고종(高宗)의 후궁 광화당(光華堂, 李完德, 83)은 16일 상오 9시 종로구 사간동(司諫洞) 106 자택에서 가족장을 치른 후 상오 10시 30분 고종(高宗)이 잠든 금곡릉(金谷陵) 담장 밖 남쪽 산소에 안장되었다. 주상(主喪) 이구(李玖)씨에 의해 가족장으로 지낸 이날의 장례식에는 2백여명의 친지들이 참석, 고인의 명복을 빌었다._『한국일보』, 1967년 11월 17일.

고종황제 마지막 후궁(後宮) 삼축당(三祝堂) 김씨 별세

사라진 이조(李朝)의 잔영(殘影)

양반(兩班) 출신으로 8살 때 입궐(入闕)

50여년 외로운 은둔생활(隱遁生活)만

고종황제의 후궁이었던 삼축당 김씨(80, 본명 옥기玉基)가 23일 하오 2시쯤 세브란스병원에서 뇌출혈로 별세했다. 김씨는 고종이 거느렸던 8명의 후궁 중 마지막으로 생존해 있던 분. 이로써 한 많은 궁중비화를 간직했던 고종의 후궁은 모두 세상을 떠난 것이다.

김씨는 당시 양반출신이던 김순옥(金順玉)씨의 2남 2녀 중 맏이. 8살 때 나인으로 입궐한 그는 21살 때 40세나 연상인 고종의 눈에 들어 8번째의 후궁이 되었다. 이후 김씨는 고종이 승하할 때까지 7년을 모셨다. 고종 승하 후 순종은 부왕의 뜻을 좇아 덕수궁에 있던 엄비의 처소를 경복궁 담 너머 현재의 사간동 106으로 옮긴 후 선왕이 총애

하던 두 후궁 삼축당(三祝堂)과 광화당(光華堂)을 함께 살도록 했다. 이때 순종은 궁중법도를 깨고 아이를 낳은 후궁에게만 내리는 당호(堂號)를 하사, 삼축당으로 부르게 됐다.

삼축당은 1.4후퇴 당시 피난살이를 빼고는 50여 년을 문밖출입을 끊고 쓸쓸한 은둔생활을 계속, 한평생을 의좋게 한 집에서 지내온 광화당이 세상을 떴을 때(67년) 그는 "나도 하루속히 고종을 모시러 가야겠다"고 입버릇처럼 말해오기도 했다. 최근에는 불교에 귀의, '○상행(○相行)'이란 법명까지 얻고 인근 법륜사(法倫寺)에 나가는 것이 고작 외출이었고 독경만이 만년의 고독을 달래는 유일의 낙이었다.

매월 15만원씩 문화재관리국에서 지급하는 생계비로 지내온 김씨는 한 집에 살아온 조카며느리 차정숙(車貞淑, 42)와 차씨의 딸 김현배(金玄培, 15, B여중 2년)를 유족으로 남겼다. 사간동 자택에 마련된 빈소에는 방자(方子)여사, 박찬주(朴贊珠)여사, 이수길(李壽吉, 종친회 이사장)씨 등만이 다녀갔을 뿐 찾는 이도 별로 없다. 장례는 7일장으로 고종을 모신 금곡릉(金谷릉)에 광화당과 나란히 묻히게 된다._『경향신문』, 1970년 9월 24일.

고종황제 마지막 후궁(後宮) 삼축당(三祝堂) 김씨 별세

영락한 양반의 장녀(長女)로 8세 때 입궐, 뛰어난 재색(才色) 21세에 후궁

아기 낳지 않고 당호(堂號) 받아/ 궁중(宮中)일 입 다문 채 쓸쓸히/ "속히 금곡(金谷)가 황제 모셔야지"

고종황제의 마지막 후궁 삼축당(三祝堂) 김씨(이름 玉基, 80)가 23일 하오 1시 50분 서울 종로구 사간동(鍾路區 司諫洞) 106 삼축당에서 뇌출혈로 별세했다. 삼축당 김씨의 별세로 8명이나 되던 고종황제의 후궁은 모두 이 세상을 떠났다.

삼축당 김씨는 서울 서대문구 교남동(西大門區 橋南洞)에서 영락한 양반인 김순옥(金順玉)씨의 2남 2녀의 맏이로 출생, 8살 때 나인으로 경복궁에 입궐했다. 재색이 뛰어났던 삼축당은 까다로운 궁중법도 속에서 고종황제의 눈에 띄어 21세가 되던 해 당시 61세이던 고종의 후궁이 됐다. 삼축당은 후궁으로 뽑힌 뒤에도 시기와 질투가 들끓는 비빈 궁녀사회와는 달리 같은 해에 입궐, 자신보다 5년 먼저 승은(承恩)을 입은 광화당 이완덕(光華堂 李完德)씨(67년 11월 10일 별세)와는 유별나게 우애가 두터웠다.

1918(착오)년 고종황제가 승하하자 순종은 부왕의 뜻을 살려 당시 덕궁에 있던 선황(先皇)의 두 후궁을 위해 엄비가 살던 집을 들어 경복궁 담 너머 사간동에 집을 지은 뒤 광화당과 삼축당이 같이 살게 했다. 순종은 이때 삼축당 김씨에게 삼축당(三祝堂)이란 당호(堂號)를 하사했다(원래 당호는 승은을 입은 후궁이 아이를 낳아야만 하사함. 따라서 삼축당 김씨는 아이를 낳지 않고 당호를 하사받은 고종황제의 유일한 후궁임).

高宗황제마지막後宮

삼축堂 金씨別世

高宗황제의 마지막 후궁 (이름 [illegible])가 二十三일 오후二시경 [illegible]세브란스병원에서 별세했다. 이던 삼축당(三祝堂) 金씨

승려의 독경속에 쓸쓸한 빈소. (원내는 삼축당金씨)

8세에입궐 뛰어난 才色갖춰

方子여사 弔花만이 빈소지켜

「동아일보」, 1970년 9월 24일.

이렇게 광화당과 의가 좋던 삼축당도 3년 전 광화당마저 별세하자 "나도 하루속히 금곡(金谷)으로 가서 고종황제를 모셔야겠다"고 말해왔으며 지난 궁중일엔 일체 입을 다문 채 만년엔 문화재관리국에서 매월 15만원씩 지급하는 생계비로 조카며느리 차정숙(車貞淑, 42)와 조카 김현배(金玄培, 15, B여중 2년)와 쓸쓸히 지냈다. 삼축당 김씨가 별세한 23일 빈소가 차려진 삼축당(대지 70평 건평 25평)엔 왕가의 영고성쇠를 말하듯 방자(方子)여사와 박찬주(朴贊珠)여사가 다녀갔을 뿐 아무도 찾는 이 없었다._『한국일보』, 1970년 9월 24일.

고종 마지막 후궁(後宮) 삼축당(三祝堂) 김씨 별세

고종 황제의 마지막 후궁 삼축당(三祝堂) 김씨(본명 金玉基, 80)가 23일 오후 2시쯤 세브란스병원 별관 252호실에서 뇌출혈로 별세했다. 김씨는 8명이었던 고종의 후궁 중 유일한 생존자였다. 장례는 전주이씨종친회장(全州李氏宗親會葬)으로 5일장. 오는 27일 오전 9시 발인되며 장지는 금곡홍유릉(金谷洪裕陵)으로 정했다._『조선일보』, 1970년 9월 25일.

서울 최대 역사벨트에
7성급 호텔이라니요?

김명신(전 서울시의원, 전 문화연대 공동대표)

안국역에서 정독도서관 가는 길

한 지역에 특정 건물이 들어서는 것은 그 지역 주민의 삶에 큰 영향을 미친다. 사회 변화 속도가 빨라지고 도시가 확장됨에 따라 오히려 주민들은 자신의 지역으로부터 소외되고 거주지에 대한 관심이 옅어질 뿐만 아니라 기업이나 주변 사람들의 여러 가지 이해관계가 결합되면서 주민들은 전혀 원치 않지만 뜻하지 않는 재난에 휩쓸리기도 한다. 그 대표적인 예가 바로 대한항공(한진그룹)의 조양호 회장이 「학교보건법」을 무력화하고 「관광진흥법」을 개정하면서까지 7성급 고급 호텔을 건립하는 문제이다.

대한항공이 호텔을 지으려는 그 장소는 도시계획상으로는 제1종 일반주거지역으로 지정되어 있는 종로구 송현동 49-1번지 일대 '송현동 미 대사관 직원 숙소부지'이다. 일의 사단은 2013년 교육부가 투자 활성화 명목으로 숙박시설도 학교 인근에 건립을 원하면 해당 사업체가 승인권을 가진 학교환경위생정화위원회에 사업계획을 설명할 수 있도록 규제를 완화한 데서 비롯되었다.

그곳은 경복궁의 바로 오른쪽, 안국역에서 정독도서관 올라가는 입구의 왼쪽, 풍문여고 앞에 있는 높은 담에 둘러싸인 거대하고 폐쇄적인 공간이다. 이렇게 높은 담벼락에 가려 그 안을 들여다볼 수 없는 그곳은 대한민국 영욕의 역사를 그대로 간직하고 있다. 조선시대부터 세도가 및 왕족들의 집터였던 그곳은 부지 바로 옆에는 태조 이성계가 세운 동십자각(망루)이 있고, 인근에 사간원과 소격서 등이 위치해 있었으며 경복궁에서 사간동과 소격동을 거쳐 인사동으로 이어지는 서울시내 최대 역사문화벨트 한가운데 위치하고 있다.

일제강점기에는 일본 식산은행원 숙소로 쓰이다가 국방부가 미군에 빌려준 땅이었던 그곳은 2000년에 IMF 위기에 삼성생명에 1,400억 원에 팔렸다. 땅 면적이 1만 2천 평에 이르는 역사적인 장소로는 무척 싼값에 팔렸던 것이다. 삼성생명은 그곳에 복합문화공간을 세우려 했으나 장소가 장소인지라 개발을 포기하고 2008년 한진그룹에게 2,900억 원에 다시 팔았다. 삼성으로서는 몇 년 사이에 땅값의 배를 남긴 셈이다.

미 대사관 직원숙소 부지에서 삼성으로, 삼성에서 한진으로 땅주인이 바뀌는 동안 소나무가 가득한 언덕이어서 '송현'으로 부르던 그곳은 모든 소나무가 잘려 나가고 잡초가 무성한 공터로 방치되었다. 그리고 한진 재벌은 그 자리에 '7성급 한옥 호텔'을 세우려는 개발 사업을 추진해왔다.

근처에 여러 학교가 위치한 학교환경위생정화구역 내에 관광호텔을 짓겠다는 계획인 불가능해지자 한진은 2010년 12월부터 2012년 6월에 걸쳐 중부교육청을 상대로 행정소송을 제기했다. 재판 결과는 한진의 패소였다. 사춘기 어린 학생들의 건전한 정서를 해치는 관광호텔의 교육적인 역효과를 우려한 판결이었다.

그러나 한진은 거기서 멈추지 않고 국회를 움직여 2012년 6월 8일 「관광진흥법」 시행령의 입법 예고를 이끌어냈다. 유흥시설이 없는 관광숙박시설의 학교환경위생정화구역 내 설치를 허용하는 내용의 법이 현재 국회 계류 중이다. 현 정부는 한술 더 떠서 규제 완화라는 미명 아래 호텔 건립을 직간접적으로 지원하고 있다. 대법원에서도 개발 사업을 불허하자 한진은 2013년 재벌 총수들의 청와대 면담 자리에서 대통령에게 "특급관광호텔 규제를 좀 풀어달라"며 불법의 강행을 대놓고 요구하고 나섰다.

이에 박근혜 정부는 2013년 열린 대통령 주재 3차 무역투자진흥회의에서 기업 투자 규제 완화 및 관광 수익 확대 방안으로 '학교환경위생정화구역 내 관광호텔의 건립 허용'을 제시했다. 이는 한국 교육환경 보호에 사망신고를 내리는 것이나 다름없는 일이었다. 역사에 대한 몰지각한 태도와 기업과 기업의 이해에 놀아나는 현 정부의 정책을 보면서 교육과 문화, 역사에 대한 감수성이 필요하다는 것을 새삼 깨닫게 되었다.

서울시는 다른 입장을 표명했다. 현재 서울시 지구단위계획 지침 및 현황(자료 참고자료)에 따르면 서울시 종로구 송현동 구 미 대사관 직원숙소 부지에 대한 북촌지구단위계획상으로는 거의 호텔 신축이 불가능하다. 호텔을 지으려면 특별 계획 구역에 대한 세부 개발 계획을 수립해야 하고 도시건축공동위원회의 심의 절차를 거쳐 확정해야 하는데, 서울시에서 이를 반대하기 때문이다. 그러나 현재 송현동 지역 개발의 이해관계를 둘러싸고 대한항공이 막강한 힘을 휘두르는 상황이라 향후 법 개정 시 기업의 이해관계만 반영되는 등의 사각지대가 생기지 않도록 지켜보아야 한다.

한국이 이만큼 성장하는 데 교육의 힘이 컸다는 것은 누구도 부인하지 못할 것이다. 그런데 어린 학생들이 생활하는 학교 바로 코앞에 호텔을 짓고 그런 환경에 학생들을 방치하면서 교육을 말할 수는 없다. 주민들과 학생들의 안전하고 건전한 교육환경과 생활환경을 지켜주는 것은 지자체의 중요한 의무이다. 더욱이 학생들은 우리 사회의 미래이다. 대한항공의 호텔 신축 계획은 안전한 교육환경과 학습권을 침해하는 것으로, 현행법까지 개정해가면서 진행하는 행태는 속히 중단되어야 한다.

재선에 성공하여 2기 시정을 펼치고 있는 박원순 서울시장은 이미 송현동을 방문하여 그 자리에 호텔 건립을 불허하겠다고 밝힌 바 있다. 현재 서울시와 서울교육청은 풍문여고 자리에 서울공예박물관의 건립을 추진하고 있다. 2014년 6월 교육감 선거에서 당선되어 서울시 교육시설의 인허가권을 한손에 쥔 조희연 교육감은 후보 시절 송현동을 방문해 안전한 교육환경과 학습권을 지키겠다고 천명했다. 참으로 다행한 일이다. 역사성과 문화에 감수성을 가진 시장과 교육감의 당선으로 송현을 지켜낸 후대에 부끄럽지 않은 선대가 될 수 있는 희망을 가지게 되었다.

학교 주변 유해시설을 둘러싼 논란은 그동안 빈번하게 발생했다. 최근에는 한국마사회의 용산 화상경마장이 문제로 떠올랐다. 2014년 6월 개장한 한국마사회의 용산 화상경마장은 인근 학교들의 정화구역 한계인 200미터를 벗어나 있어 법적인 문제가 없다지만, 성심여고가 불과 235미터 거리에 있고 비슷한 거리에 성심여중, 원효초, 계성유치원 등이 위치해 있어 주민들과 심한 마찰을 빚고 있다. 서울시 교육감은 항의농성 중인 주민들을 방문해 "경마, 경륜, 경정 등의 경우 학교환경위생정화구역을 벗어나더라도 교육 영향 평가가 이뤄져 법적 제재가 있었으면 한다"며 "기존 정화구역의 절대정화구역(학교 출입문에서 직선거리 50미터 이내), 상대정화구역(200미터 이내)과는 별도로 500미터 정도까지 교육 영향을 평가하는 통합보호구역을 신설하거나 상대정화구역을 250미터까지 확장하는 방법도 추진하겠다"고 밝혔다.

이처럼 교육 환경을 심각하게 훼손하는 학교 인근의 유해업소에 대한 '교육 영향 평가'를 법제화해야 할 것이다. 그러나 현재에도 정화구역 내에 단란주점 등 유해시설이 없는 관광호텔은 건립할 수 있게 하는 「관광진흥법」 개정안이 국회에 계류 중이고, 학교 주변이라도 '입지 규제 최소 구역'으로 지정되면 단란주점이나 호텔 등이 들어설 수 있도록 하는 내용의 법안도 발의되어 있다.

성심여자중·고등학교 교문

성심여자중·고등학교 교문에서 용산 화상경마장까지의 거리(출처: 네이버 지도)

조희연 교육감이 안전한 교육 환경 조성을 위한 규제 강화에 나서면서 학교 주변 호텔 건설 역시 쉽지 않을 것으로 예상되지만 향후 송현동은 그곳의 역사적 상징성과 장소성을 더욱 드러내 서울의 명물이 되도록 시와 구, 주민이 힘을 합쳐 적극적으로 논의를 시작할 필요가 있다. 세월호 침몰 이후 돈에 대한 욕망과 개발에 대한 광풍에서 벗어나 역사적·문화적 감수성을 살리는 것, 서울이 앞으로 20년, 50년, 100년 어떻게 역사성이 보존된 도시를 만들어낼 것인지에 대한 시민적 합의와 역사성에 대한 감수성이 절실히 필요한 때이다.

구)미대사관직원숙소부지에 대한 지구단위계획수립 내용

· 계획수립 기본방향

- 입구성과 상징성을 지닌 북촌의 대표적인 거점공간으로서, 주변여건 등을 고려하여 부지내 공공성을 확보
- 조선시대 세력가, 왕족들의 집터였던 장소성을 활용하여 부지의 역사성을 회복
- 문화 및 집회시설 등 북촌의 특성을 반영한 용도 도입
- 대지면적의 5% 이상 보행광장 조성
- 지하 공용주차장 설치 및 개방 권장

· 용 도

○ 허용용도 : 법령 및 조례에서 정하는 제1종일반주거지역 내 허용 용도
○ 불허용도 : 법규(제1종일반주거지역) 용도 중 도입 불가능한 용도

건축법 상 용도분류	세 부 용 도
공동주택	연립주택
제1종 근린생활시설	세탁소, 변전소, 대피소
제2종 근린생활시설	제조업소, 수리점, 세탁소(500㎡미만) 청소년 및 복합유통게임제공업의 시설(500㎡미만), 인터넷컴퓨터게임시설제공업(300㎡미만) 의약품 및 의료기기 판매소, 자동차영업소(1,000㎡미만)
교육연구시설	직업훈련소

○ 용도완화 : 법령 및 조례에서 정하는 용도 외 도입 가능한 용도

건축법 상 용도분류		예시용도
문화 및 집회시설	공연장, 전시장	전통공연장, 한옥 및 전통문화관련 전시장 박물관, 미술관, 기념관, 전통공방, 전통체험시설
교육연구시설	학원	문화관련, 입시학원/어학학원 한옥연구센터, 한옥건축학교(전수학교)
수련시설	생활권 수련시설	전통체험시설, 청소년시설

소나무 고개를 찾아서
- 송현동 답사와 대담 -

답사일자 : 2013년 11월 22일

정세균(새정치민주연합 종로구 국회의원)

김원(건축환경연구소 광장 대표)

정재숙(중앙일보 기자)

홍성태(상지대학교 문화콘텐츠학과 교수)

답사: 눈앞에 있으나 존재하지 않는 곳 한 바퀴

송현동은 어떤 곳인가? 송현동의 장소성은 무엇인가? 송현동은 어떻게 변해야 하는가? 2013년 11월 22일 오후, 송현동이 어떤 곳인가를 확인하기 위해 송현동 주변을 둘러보기로 했다. 건축환경연구소 광장 김원 대표, 정세균 의원, 홍성태 교수를 비롯해서 중앙일보 정재숙 기자, 진인진 김영진 사장 등이 육조공원 옆에 있는 정세균 의원 사무실에 모여서 송현동을 한눈에 가장 잘 볼 수 있는 '트윈 트리 타워' 옥상으로 갔다. 김원 소장은 다른 일로 조금 늦게 '트윈 트리 타워' 옥상으로 직접 왔다. '트윈 트리 타워'는 1968년 김수근의 설계로 지은 한국일보 사옥을 철거하고 조병수의 설계로 2010년 12월 준공된 건물이다. 박달나무 고목의 밑동에서 그 모습을 따왔다는 이 거대한 유리 건물의 B동 옥상은 송현동의 바로 건너편에 있어서 송현동을 위에서 살펴보기에 가장 좋은 곳이다.

서쪽

중앙

동쪽

송현동의 장소성은 송현동 자체의 특성, 그리고 송현동과 주변 지역의 관계로 규정된다. 송현동 자체의 특성은 위치, 역사성, 생태성 등으로 살펴볼 수 있다. 송현동은 흔히 600년 역사로 제시되는 서울의 정체성을 간직한 도심의 복판에 해당되는 곳이다. 따라서 이곳을 지키는 것은 서울의 정체성을 지키는 것이다. 송현동은 오랜 역사를 간직한 곳이다. 조선시대에 송현동에는 여러 채의 집들이 들어서 있었고, 물을 길어먹는 우물과 사람들이 오가는 길이 있었다. 송현동은 단지 소나무가 무성한 언덕이

'트윈 트리 타워' 옥상에서

이 아니라 양반들이 집을 짓고 살던 동네였다. 일제강점기에 송현동은 조선을 착취하기 위해 설립된 조선식산은행의 직원 숙소 부지로 바뀌었다. 해방 뒤에는 미국 정부가 송현동의 소유권을 반강제적으로 양도받아 송현동은 미국 대사관 직원 숙소 부지로 바뀌었다. 송현동은 조선시대, 일제의 식민지 지배 시기, 해방 뒤의 불평등한 한미 관계 등을 담고 있는 역사적 장소인 것이다. 송현동을 지키는 것은 서울의 600년 역사를 지키는 것이다. 송현동은 본래 소나무가 무성한 언덕이었다. '송현松峴', 즉 '소나무 고개'라는 이름은 여기서 유래된 것이다. 송현동은 서울 도심을 지키는 생태적 장소였다. 송현동의 생태성과 역사성은 동전의 양면을 이루고 있다. 송현동의 역사성과 생태성을 지키는 것은 함께 추구되어야 하는 중요한 과제이다.

이제 송현동과 주변 지역의 관계를 보자. 먼저 송현동의 서쪽에는 조선의 정궁인 경복궁이 자리 잡고 있다. 그리고 경복궁과 송현동 사이에는 사간원과 종친부(현재의 국립현대미술관 서울분관)가 있었고, 일제 때는 광화당·삼축당 가(현재의 두가헌)가 지어졌다. 송현동은 이런 중요한 역사적 시설들과 한 몸을 이루고 있는 곳이다. 동쪽

송현동 골목길(좌로 부터 정재숙 기자, 김원 대표, 정세균 의원, 홍성태 교수)

을 보면, 덕성여중이 송현동 미국 대사관 직원 숙소 터와 담장으로 이어져 있고, 정독 도서관으로 가는 감고당길을 사이에 두고 덕성여고와 풍문여고가 자리 잡고 있다. 이렇듯 송현동은 서울 도심의 역사 지역과 교육 지역을 대표하는 곳이다.

이곳에 호텔을 짓겠다는 것은 학교 옆에 호텔을 지을 수 없도록 한 법을 무력화해서 이 나라의 교육환경을 대대적으로 훼손하겠다는 것이며, 법을 무시하고 어떻게 해서든지 돈을 벌기 위해 600년의 시간을 담고 있는 서울 도심의 역사성을 대대적으로 훼손하겠다는 것이다. 송현동의 장소성은 결코 돈벌이를 위해 훼손될 수 없는 커다란 공공성을 지니고 있다. 그런데 한진 재벌은 1·2·3심 모두에서 패소하고 청와대에 강력히 로비해서 부당한 호텔 건설을 강행하려 하고 있다. 한진 재벌은 송현동의 장소성은 물론이고 법마저 무시하는 행태에 대해 국민에게 깊이 사과하고 공공성을 존중하는 올바른 기업으로 거듭나야 할 것이다.

송현동 답사는 미국 대사관 직원 숙소 터의 정문을 바라보았을 때 왼쪽에 있는 골목으로 들어가서 담장을 따라 한 바퀴 돌아 안국동 네거리에 이르는 방식으로 했다. 미국 대사관 직원 숙소 터는 3~4m에 이르는 높은 담장으로 둘러싸여 막혀 있다. 근처를 지나다니는 사람들은 저 높은 담장 안에 무엇인가 무서운 것이 들어서 있는 모양이라고 생각하기 십상이다. 그런 식으로 1948년 9월부터 2014년 2월까지 66년에 이르는 긴 세월이 흘렀다. 그 결과 이곳은 바로 우리 눈앞에 있으나 존재하지 않는 곳으로 여겨지게 되었다.

이 일대는 아직 골목과 단독 주택들이 많이 남아 있어서 아늑하고 고즈넉한 서울 도심의 역사적 정취를 잘 느낄 수 있는 귀한 곳이다. 저 높은 담장을 없애고 송현동을 열린 곳으로 만든다면 이 일대는 북촌의 입구로서 서울 도심을 대표하는 역사적 동네로 확립될 수 있을 것이다. 물론 이렇게 되기 위해서는 이 일대의 난개발을 막기 위한 주민들의 적극적인 참여와 실천이 무엇보다 중요하다. 담장을 없애고 난개발을 막는 노력이 본격적으로 실행되어야 한다. 송현동의 장소성을 지키면서 주민들이 편하고 즐겁게 살 수 있는 곳으로 거듭나도록 서울시 차원에서 큰 관심을 기울여야 한다.

대담: 열린 송현동, 살아있는 송현동을 위해

정세균(새정치민주연합 종로구 국회의원)

김원(건축환경연구소 광장 대표)

홍성태(상지대학교 문화콘텐츠학과 교수)

홍성태 오늘 '트윈 트리 타워'에서 내려다보니 송현동의 특성과 가치를 정말 한눈에 잘 알 수 있었습니다. 경복궁의 바로 옆이자 북촌의 입구로서 송현동은 참으로 귀한 곳입니다. 우리가 미국 대사관 직원 숙소 터로 들어가지는 못했으나 송현동의 골목길을 걸으며 잠시 이 일대를 몸으로 느껴봤는데 두 분이 어떤 생각을 하셨는지 궁금합니다.

정세균(새정치민주연합 종로구 국회의원)

김원 사실 송현동 골목길은 오늘 처음 걸어봤습니다. '트윈 트리 타워' 옥상은 송현동을 볼 수 있는 가장 좋은 곳이지요. 거기서 내려다보면 송현동이 얼마나 중요한 곳인가를 한눈에 알 수 있습니다. 동쪽으로는 조선의 정궁인 경복궁이 있고 서쪽으로는 여학교들이 있습니다. 이런 곳에 호텔을 짓겠다는 것은 너무나 잘못된 일이라고 생각합니다. 여기는 결코 호텔을 지을 곳이 아닙니다. 오늘 골목길을 걸어보니 옛 동네의 정취가 잘 남아 있어서 더더욱 이곳을 잘 지켜야 한다는 생각을 하게 됐습니다.

홍 김 선생님은 여기 골목길을 오늘 처음 둘러보셨군요. 저는 오래전 정기용 선생과 송현동 지키기를 하면서 이 골목길을 둘러보았고, 당시 이 동네에 문화연대 사무실이 있어서 자주 다녔습니다. 지금은 주변이 상당히 개발되어 본래의 모습을 많이 잃었는데 이곳을 지키기 위한 노력을 서둘러야 할 것 같습니다.

김 정기용 선생과 많이 다녔군요. 미국 정부가 굉장히 높은 블록 담을 쌓아서 밖에서 안을 전혀 보이지 않도록 해놓았는데, 저 담을 허물어 없애거나 낮추어서 밖에서 안을 볼 수 있도록 하면 이곳이 얼마나 중요한 곳인가를 사람들이 아주 쉽게 알 수 있게 될 겁니다. 이곳은 이 지역의 역사와 문화를 살리는 열린 공간으로 바뀌어야 합니다.

정세균 오늘 골목길을 둘러보며 이 동네의 정취를 몸으로 느낄 수 있어서 좋았습니다. 참 좋은 곳입니다. 아까 '트윈 트리 타워' 옥상에서 내려다보고 이곳이 정말 중요한 곳이라는 것을 더욱 잘 알게 됐습니다만 골목길을 걸어보니 이곳의 역사와 문화를 몸으로 알게 되는 것 같습니다. 저는 우선 학교를 지키기 위해 이곳에 호텔을 지어서는 안 된다고 생각하지만, 이곳의 소중한 역사·문화 가치를 위해서도 호텔을 짓는 것은 문제라고 생각합니다. 그래서 저는 지난 몇 년 동안 잘못된 호텔 건립 계획을 막기 위해 나름대로 최선을 다했습니다. 그리고 법원에서도 1·2·3심 모두 이곳에 호텔을 지을 수 없다고 판결했는데, 법을 고쳐서라도 이곳에 호텔을 짓게 하겠다는 것은 대단히 잘못된 것입니다.

홍 송현동은 미국 정부가 쌓은 높은 담으로 막혀 50년 이상을 우리 곁에 있으나 없는 곳처럼 여겨지게 된 이상한 곳입니다. 용산 미군기지가 대표적인 예이지만 서울에는 이런 곳이 많습니다. 이제 이런 곳을 서울의 역사와 문화를 살리는 열린 공간으로 바꾸는 것이 정말 중요하다고 생각합니다.

정 2013년 9월 우리가 송현동 호텔 건립 계획의 문제를 살펴보는 토론회를 했을 때 이 지역의 몇몇 상인들이 토론회가 열리는 출판회관 앞에서 잠시 시위를 했었지요. 그 얼마 뒤에 저는 그분들도 모두 만났습니다. 그분들의 말씀을 주의해서 듣고 호텔 건립 계획의 문제에 대해 말씀드렸습니다. 차분히 얘기를 나누면서 문제에 대한 인식을 넓힐 수 있었다고 생각합니다. 저는 이 지역의 개발에 반대하는 것이 아니라 역사로 대표되는 이 지역의 소중한 자산을 훼손하고 학교를 망칠 수 있는 잘못된 개발의 문제를 바로잡으려는 것입니다. 그렇게 해서 이 지역의 장소성이 잘 지켜져야 상인들의 이익도 커질 수 있겠지요. 지켜야 할 것을 잘 지키면서 모두가 잘

김원(건축환경연구소 광장 대표)

홍성태(상지대학교 문화콘텐츠학과 교수)

될 수 있는 길을 찾기 위해 계속 최선을 다하겠습니다.

김 한옥형 최고급 호텔을 지어서 이 지역을 지킬 것이라고 합니다만 실상은 큰 문제를 안고 있다고 생각합니다. 옥상을 기와지붕 형태로 처리한다고 해서 한옥이 되는 것은 아닙니다. 거대한 호텔 건물은 이 지역의 역사·문화와 어울리지 않습니다. 또한 율곡로 보도의 담이 상가로 바뀌게 될 것입니다. 이렇게 되면 상가로 많은 차량과 사람들이 유입되어 이 지역이 크게 혼잡해질 것은 물론이고 주변의 가게들에도 큰 영향을 미치게 될 것입니다. 주변의 작은 가게들은 문을 닫게 되겠지요. 이곳에 호텔을 짓는 것은 결국 이곳의 소중한 자산과 기존의 상권을 크게 훼손하는 심각한 부정적 결과를 빚을 것입니다. 이런 점에서도 송현동 호텔 건립 계획은 취소되는 것이 옳습니다.

홍 이 지역의 역사·문화는 물론이고 상권과 관련해서도 대단히 큰 문제를 안고 있는 한진그룹의 송현동 호텔 건립 계획이 대법원의 판결조차 무시하고 학교환경에 관한 법률을 무력화하는 방식으로 강행되고 있다는 것은 정말 큰 문제가 아닐 수 없습니다. 나라가 갈수록 비정상화되고 있는 것 같습니다. 송현동은 어떻게 변해야 할까요?

김 송현동은 그 역사와 문화를 살리는 쪽으로 개발되어야 한다는 것입니다. 이와 관련해서 종로구청에서 제안한 구상도 적극 검토할 필요가 있습니다. 종로구청은 현재의 종로구청 청사 부지와 송현동을 교환하자고 제안했지요. 현재의 종로구청 청사 부지에 호텔을 짓고 송현동에 새로 종로구청 청사를 짓자는 것입니다. 호텔 부지로는 현재의 종로구청 터가 훨씬 좋지요. 바로 앞이 종로1가이고, 전철 1호선과 5호선도 있고, 세종문화회관도 바로 옆에 있고. 송현동에 종로구청 청사를 신축하게 되면 저층의 생태건축을 추진하는 동시에 상당한 면적을 생태·문화공원으로 공개할 수 있습니다. 그리고 넓은 지하 주차장을 만들어서 북촌의 최대 위협-불편 요인인 주차 문제를 크게 개선할 수 있지요. 이렇게 하기에 앞서 우선 현재의 높은 블록 담을 허물거나 낮추어서 이곳의 분위기를 바꿔야 합니다. 지금은 높은 담 때문에 아주 삭막하지요. 그런데 사실 이 높은 담은 법에 위반된 것입니다. 이제 미국 정부의 소유가 아니라 한진그룹의 소유이니 법에 따라 이 높은 담을 허물거나 낮추어야 합니다. 그리고 애초에 이 땅은 미국 정부가 한국 정부에게 사실상 일방적으로 소유권을 넘겨받은 것입니다. 그러니 이 땅을 미국 정부가 자기 마음대로 기업에게 매각한 것은 원천적으로 큰 문제가 있는 것이라고 봐야 하지 않을까요? 이 땅에 담겨 있는 아픈 역사를 잘 살펴보고 그것까지 치유할 수 있는 공공개발을 추진해야 합니다.

정 이미 대법원에서도 호텔 건립은 불법이라고 판결했는데도 한진그룹이 새누리당, 문화체육관광부, 청와대 등에 계속 호텔 건립을 추진해달라고 요청하는 것은 그야말로 법을 무시하는 것으로 보여서 대단히 안타깝습니다. 저도 한진그룹의 호텔 건립 계획을 다시 적극 검토해달라고 요청하는 전화를 많이 받았습니다. 그러나 이 계획은 송현동의 역사로나 학교환경법으로나 결코 허용할 수 없는 잘못된 것입니다. 호텔은 호텔이 들어설 수 있는 곳에 들어서야지요. 송현동은 서울의 역사와 문화 면에서 핵심에 해당되는 곳인데 학교환경법을 무력화해서 이곳에 호텔을 짓겠다는 것은 상식적으로 보더라도 크게 잘못된 것이라고 생각합니다. 저는 찬성하는 주민들과도 계속 적극 소통하려고 합니다. 그분들도 찬찬히 얘기를 나누다보면 문제를 이해하고 올바른 개발을 추진하게 될 것으로 생각합니다. 이미 많은 주민들을 만났습니다만 앞으로도 계속 만나서 함께 이야기하며 지켜야 할 원칙을 지키면서 서로 합의할 수 있는 길을 찾도록 애쓰겠습니다. 물론 현재 가장 중요한 것은 한진그룹이 하루빨리 잘못된 호텔 건립 계획을 취소하는 것이겠지요. 2013년 9월의 송현동 토론회에서도 밝혀졌지만 송현동은 결코 호텔을 지을 수 없는 곳이고 시민의 공익을 위해 세심히 개발되어야 할 곳입니다.

홍 길지 않은 시간이었습니다만, 오늘의 답사와 대담을 통해 송현동의 가치, 호텔 건립 계획의 문제 등이 잘 확인되었고, 앞으로 송현동의 변화 방향에 대해서도 중요한 줄기가 드러난 것 같습니다. 이 귀중한 곳이 서울의 역사와 시민의 공익을 위한 곳으로 거듭나기를 바라며 오늘의 대담을 마치겠습니다.

참고자료

참고자료 1

문화체육관광부 발의 『관광진흥법』 개정안의 문제점

작성: 정세균 의원실

1. 사건의 배경 및 경과

□ 배경

- 대한항공이 경복궁인근(옛 주미대사관 숙소) 부지에 특급호텔(자칭 7성급) 건립을 추진하는 과정에서 교육계는 물론이고 문화계, 지자체 등의 반대에도 불구하고 정부가 힘을 실어주는 관련 규제법 개정을 추진함으로 특혜 시비가 일고 있음

□ 주요 경과

- 2008년 대한항공이 삼성생명으로부터 종로구 송현동 49번지 일대, 3만6000㎡를 2, 900억원에 인수하여 총7, 000억원을 투입, 지상4층·지하4층 연면적 13만7000여㎡ 규모의 고급한옥호텔(관광호텔) 건설 계획

- 현 부지는 학교보건법 상 지정된 학교환경위생정화구역의 절대정화구역과 상대정화구역 내에 위치한 지역으로, 호텔 건립을 위해서는 학교환경위생 정화위원회(해당 교육청과 인근 학교장들로 구성)의 승인이 있어야 가능한 부지임

- 이에 대한항공은 중부교육청에 금지행위 및 시설의 해제를 신청한 바 있으나, 교육청에서는 정화위원회를 거쳐 수용불가 통보

- 대한항공은 중부교육청의 결정에 불복, 법원에 소송을 제기했으나 대법원까지 이어진 3차례 소송에서 모두 패함

- 정부는 대한항공이 고등법원에 항고하여 2심이 진행중인 2011년 6월, 정부 발의로 관광진흥법 일부개정법률안을 제출한 바 있으나 18대 국회에서 민주당이 반대하여 자동폐기된 바 있음

날짜	주요내용
2002. 6.	삼성생명, 국방부로부터 옛 미 대사관 직원 숙소 부지 매입
2008. 6.	한진그룹, 삼성생명으로부터 동일 부지 매입
2010. 3. 17	대한항공, 중부교육청에 학교환경위생정화구역 내 금지행위 및 시설의 해제 신청
2010. 3. 30	중부교육청, 금지행위 및 시설의 해제신청을 수용불가 통보
2010. 4. 30	대한항공, 중부교육청을 상대로 금지 해제해 달라는 행정소송 제기
2010. 12. 9	행정법원, 대한항공 패소(중부교육청 승소)
2011. 6.	정부발의로 관광진흥법 일부개정법률안 제출
2012. 1. 12	서울고법, 대한항공의 항소 기각
2012. 6. 8	문화부, 관광진흥법 일부개정법률안 입법예고
2012. 6. 28	대법원, 대한항공의 상고 기각
2012. 7. 24	문체부, '관광숙박산업 활성화 방안' 발표
2012. 7. 2	서울시, 용적률 관리 및 숙박시설 심의 가이드라인 제시로 호텔 건립 재추진에 제동
2012. 9. 19	정부 위기관리대책회의에서 '제14차 기업환경 개선대책'으로 관광진흥법 개정안 추진 발표
2012. 10. 9	문체부, 『관광진흥법』개정안 발의
2013. 6. 17	교문위, 법안 상정 예정
2013. 9.	무역진흥회의에서 박근혜 대통령에게 관광진흥법 개정 촉구
2014. 2	국토부 '학교보건법' '문화재법' 적용 완화할 수 있는 '최소규제입지지구' 도입발표
2014. 6	국회 '최소규제입지지구' 도입을 위한 '국토의계획및이용법' 개정안 발의
2014. 8. 28	교육부 훈령 제 113호 관광호텔업에 관한 학교환경위생정화위원회 심의규정 발표

□ 현행법상 학교 인근 관광호텔 건축 규제

- 현행 『학교보건법』상 학교 경계선으로부터 50~200m안의 상대정화구역 내 호텔, 여관, 여인숙 등 숙박시설을 건축할 경우, 정화위원회(해당 교육청과 인근 학교장들로 구성)는 학습환경 침해와 유해성 등을 심의해 지자체에 통보하고 해당 지자체는 그 결과에 따라 관광호텔 승인 여부를 결정

- 사업계획이 승인된 관광호텔 사업자라도 『건축법』에 따라 주거, 교육환경 위배 여부에 대한 건축 심의를 더 거쳐야 사업등록이 가능함

※ 학교보건법 제6조 : 학교환경위생 정화구역에 호텔, 여관, 여인숙 등 숙박시설이 들어서는 것을 금지. 예외적으로 학교출입문으로부터 직선거리로 50m까지인 '절대정화구역'이 아닌 상대정화구역(학교 경계선으로부터 200m)은 학교환경위생정화위원회의 심의를 걸쳐 건립여부를 결정할 수 있음.

※ 건축법 제11조4항 : 현행 허가권자(시장, 군수, 구청장)가 위락시설이나 숙박시설의 건축을 허가 할 경우 주거, 교육환경 등 주변환경을 고려할 때 부적합하다고 판단되면 이법 및 다른 법류에도 불구하고 건축위원회의 심위를 거쳐 건축허가를 하지 않을 수 있음

□ 대한항공의 무리한 호텔건립 추진

- 송현동 부지는 인근에 3개의 학교가 밀집해 있는 학교환경위생 정화구역으로 처음부터 호텔건립 허가가 불가능한 상황

- 원래 송현동 49번지 일대 부지는 일부가 덕성여중과 풍문여고 정문을 기준으로 한 '절대정화구역'에 저촉되고 있고, 학교경계선을 기준으로 하면 덕성여중과는 울타리를 사이에 두고 인접(학교경계선까지의 최단거리 4.5m), 풍문여고와의 최단거리 7m, 덕성여고와는 11.9m에 불과

- 2002년 삼성생명이 국방부로부터 부지를 매입한 후 건축물 허가가 쉽지 않다고 판단, 2008년에 대한항공에 재매각

- 대한항공은 사전에 대상 부지가 학교환경위생 정화구역에 저촉된다는 사실을 충분히 알 수 있는 상황이었음에도 정화구역에서 금지되는 시설인 호텔을 설치하고자 금지해제를 구하고 있음

□ 문체부의 관련 법 개정 추진 경과

- 2010.10. 국토부에 관광호텔을 학습환경 저해시설에서 제외하도록 건축법 개정 의견 제출 (건축허가 심의대상에서 관광호텔 제외)

- 2011. 6. 정부발의로 관광진흥법 개정안 국회 제출 (민주당 반대로 18대 국회 자동폐기)

- 2011. 7. 관광숙박 시설 확충을 위한 방안 발표 : '관광호텔 건립절차 간소화 및 용적률 완화, 공유지 장기 대부, 자금지원 등'을 내용으로 하는 '관광숙박시설확충지원특별법 제정 추진' 등을 주요 내용으로 함
- 2012. 6. 관광진흥법 일부개정법률안 입법예고 : 유흥시설의 부대시설이 없는 관광숙박시설의 학교화경위생 정화구역내 설치 허용 골자
- 2012.10. 관광진흥법 개정안 정부발의
- 2013. 6. 교문위 상정 예정

2. 정부 개정안의 주요내용

□ 정부 개정안의 주요내용

○관광숙박업의 사업계획 승인 또는 변경승인을 받는 경우, 학교보건법 제6조 제1항 제13호의 적용 배제 (관광진흥법 제16조 6항 신설)

→ 유흥시설, 사행행위장 또는 미풍양속을 해치는 부대시설이 없는 관광숙박시설에 한해 '학교환경위생정화구역' 내에 설치를 허용(절대정화구역 포함)

※ 관광진흥법 제16조 6항 (신설)

제16조(사업계획의 승인 시의 인·허가 의제 등)

⑥ 제15조 제1항에 따른 사업계획의 승인 또는 변경승인을 받은 경우 그 사업계획에 따른 관광숙박시설(관광숙박시설에서 『학교보건법』 제6조1항제12호, 제14호부터 제16호까지 또는 제18호부터 제20호까지의 규정에 따른 행위 및 시설 중 어느 하나에 해당하는 행위를 하거나 시설을 설치하는 경우는 제외한다)에 대해서는 『학교보건법』 제6조제1항제13호를 적용하지 아니한다.

※ 학교보건법 제6조 1항 13호

제6조(학교환경위생 정화구역에서의 금지행위 등) ① 누구든지 학교환경위생 정화구역에서는 다음 각 호의 어느 하나에 해당하는 행위 및 시설을 하여서는 아니 된다. 다만, 대통령령으로 정하는 구역에서는 제2호, 제3호, 제6호, 제10호, 제12호부터 제18호까지와 제20호에 규정된 행위 및 시설 중 교육감이나 교육감이 위임한 자가 학교환경위생정화위원회의 심의를 거쳐 학습과 학교보건위생에 나쁜 영향을 주지 아니한다고 인정하는 행위 및 시설은 제외한다.

13. 호텔, 여관, 여인숙

○관광진흥법 제18조 제1항 제6호 "학교보건법 제6조에 따른 유흥시설 설치의 인정(학교환경위생정화구역에서 관광숙박업 및 관광객 이용시설업을 경영하려는 경우만 해당한다)" 조항 삭제

※ 참고: 정부 개정안에 따른 변동사항

구분		현행 관광진흥법, 학교보건법	관광진흥법 개정안(정부안)
입지가능 범위		상대정화구역	상대정화구역, 절대정화구역
입지가능 시설		아래시설을 포함한 부대시설 유흥시설 (관광숙박업 등록시 유흥시설 설치를 인정한 것으로 의제) 식품위생법상 단란주점, 유흥주점 (관광숙박업 등록시 식품위생법상 허가를 받은 것으로 의제) 대화방·마사지방 등 청소년보호법상 청소년 유해업소 증기탕·무도학원·무도장·노래연습장·비디오물 감상실 등 사행행위장·경마장·경륜장·경정장 당구장, 게임제공업, PC방, 복합유통게임제공업	1~6번의 시설을 제외한 부대시설
입지 절차	신축	사업계획 승인 → 학교환경위생정화위원회심의 → 관광숙박업 등록	사업계획 승인 → 관광숙박업 등록
	증개축	관광숙박업 변경등록 (증개축시에는 학교환경위생정화위원회 심의 및 시군구청장 승인 하에 유흥시설 설치 가능)	관광숙박업 변경등록 (증개축 시에도 유흥시설 설치 불가)
심의소요기간		15일	없음

□ 인근학교의 학습환경 및 청소년 보호를 위한 조치 (문체부 입장)

- 유흥시설이 없는 호텔에 대해서만 학교환경위생정화구역 내 설치가 가능토록 하여 부작용에 대한 사전예방장치를 마련

- 또한, 허가권자인 시장·군수·구청장은 해당 호텔이 교육환경을 저해한다고 판단시 『건축법』 제11조에 의거, 건축 불허 가능

3. 정부 개정안의 문제점

□ 학교보건법의 근본을 뒤흔드는 정부 개정안

- 이번 개정안은 관광호텔을 '학교보건법 제6조 1항 13호'의 적용대상에서 완전히 배제함으로써 학교출입문에서 직선거리 50m 이내의 '절대정화구역'까지 호텔건립을 가능케하는 법안임 (현행 법은 50m ~ 200m 이내의 '상대정화구역'에서만 학교환경위생정화위원회의 심의를 거쳐 예외적으로 금지시설 설치를 허용하고 있으며, '절대정화구역'은 호텔건립이 원천적으로 불가)

- '외래관광객 1, 000만 시대를 대비한 규제완화'라는 그럴듯한 명분으로 학생의 학습환경을 보호하기 위한『학교보건법』의 근본 취지를 뿌리부터 흔드는 잘못된 법안

- '법률'(시행령이 아닌)로써 학교환경위생 정화구역을 설치하는 이유는 우리사회에서는 학생들에게 적절한 교육환경을 제공하는 것이 그 어떠한 사안보다 중요하다는 사회적 공감대가 있기 때문

- 이미 수차례의 법적 다툼 과정에서 대법원과 헌법재판소는 '학교보건법 제6조 1항 13호'가 '명확성'과 '비례의 원칙'을 위반하지 않았다고 판결한 바 있음 (하첨 자료 참조)

- 시민들의 일반 상식, 법감정 상에 비춰 봐도 유해시설의 유무를 떠나 호텔 등이 학생들에게 '무해'한 시설로 인정받기에는 아직 시기상조임

※ 참고: '학교환경위생 정화구역' 설치 근거

- 근거법령: 학교보건법

- 취지: 학교 주변의 보건·위생 환경을 관리하여 학생들의 육체적 정신적 건강을 지키고 학습환경을 보호하려는 것

- 숙박시설이 학교환경위생정화구역 내 금지시설로 지정된 과정

: 1976. 1. 10 문교부령 제376호로 개정된 학교보건법시행규칙 제2조 제2호에서 호텔, 여관, 여인숙이 금지시설로 규정

: 1981. 2. 28. 법률 제3374호로 개정된 학교보건법은 시행규칙에 규정되어 있던 정화구역 내의 시설에 대한 금지를 법률로 끌어올려 제6조 제1항에 규정

→ 호텔 등은 오랜 기간 사회적 합의에 의해 학교주변 금지시설로 규정되어 왔음

□ 관광호텔은 되고 일반 호텔은 안된다?

- 정부 발의안에 신설된 제16조 2항에는 "(동법 15조에 따라) 승인을 받은 관광숙박시설에 대해서는 학교보건법 제6조 1항 13호를 적용하지 아니한다."고 명시

- 『학교보건법』상 규정된 호텔 등은 관광호텔을 포함하는 개념으로 전체 숙박업소를 지칭하는 개념

- 문체부의 논리에 따르면 이번 법개정을 통해 관광호텔은 학교환경위생정화구역 내 설치가 가능하고 일반 호텔은 그렇지 않다는 것이나 현재 관광호텔과 일반호텔 사이에 본질적 차이가 없다는 것이 법원의 판단임 (아래 대법 판결문 참조)

- 향후 일반 호텔 등이 유흥업소가 없다는 것을 전제로 학교환경위생정화구역 내에 설치를 요구할 때 반박할 만한 근거가 마땅치 않음 (새로운 분쟁 야기 또는 일반호텔에도 설치를 전면 허용해야 하는 상황 도래)

※ 대한항공의 위헌법률심판제청을 기각한 대법원 판결문 내용 中

(대법원 2012.6.28. 자 2012아35 결정【위헌법률심판제청신청】)

- 한편 관광진흥법에 근거한 관광호텔업이 (중략) 기본적으로 숙박업소의 하나로서 관계 법령에 정한 공중위생영업이나 풍속영업을 영위하는 장소에 속한다는 점에서는 일반 호텔과 다를 바가 없다. 나아가 (중략) 이 사건 법률조항에 의하여 최소한도로 보장하고자 하는 교육환경에 대한 유해성의 측면에서는 관광숙박시설인 관광호텔과 일반숙박시설인 일반호텔 사이에, 나아가 관광호텔의 종류나 등급, 그 운영시설의 규모 등에 따라 본질적인 차이가 있다고 보기 어렵다.

→ 향후 일반호텔 등이 이를 근거로 형평성 문제 제기 가능

4. 학교보건법 6조 관련 법률 동향

□ 헌법 소원 (진행중)

- 현재 학교보건법 제6조 제1항 제13호 관련 '호텔' 부분에 대한 헌법소원이 청구되어 심리 중에 있음
- 사유: 법률의 명확성 원칙, 기본권 제한에 관한 과잉금지의 원칙, 평등의 원칙 위반
- 청구대리인: 법무법인 광장

□ 기존 판례

○ 대법원

- 학교보건법 제6조 제1항 제13호 중 '호텔' 부분이 과잉금지의 원칙 등에 위배된다는 취지로 위헌법률심판제청을 신청한 사안 (2012.6.28. 대법원 자 2012아35 결정)
- 결론: 기각
- 신청인: ㈜대한항공 (소송대리인 법무법인 광장 담당변호사 유경희 외 5인)
- 판결 요지

① 이 사건 법률조항(학교보건법 제6조 제1항 제13호)은 (중략) 정화구역 안에서 숙박업소의 하나인 호텔 시설과 영업을 못하게 함으로써 호텔 안에서 은밀하게 이루어

질 수 있는 윤락행위 또는 음란행위, 음란한 물건의 유통, 도박 등의 사행행위 등으로 인한 각종 유해환경으로부터 학생들을 차단·보호하여 학생들의 건전한 육성과 학교교육의 능률화를 기하고자 하는 것으로서 그 입법목적의 정당성과 방법의 적정성이 인정된다.

② 한편 관광진흥법에 근거한 관광호텔업이 관광여건을 조성하고 관광자원을 개발하며 관광사업을 육성하기 위한 목적에서(관광진흥법 제1조) 일반호텔과는 다른 규제나 혜택을 받고 있고, 외국인이나 관광객 등을 주된 고객으로 하여 영업활동을 하고 있으나, 기본적으로 숙박업소의 하나로서 관계 법령에 정한 공중위생영업이나 풍속영업을 영위하는 장소에 속한다는 점에서는 일반 호텔과 다를 바가 없다. (중략) 이 사건 법률조항에 의하여 최소한도로 보장하고자 하는 교육환경에 대한 유해성의 측면에서는 관광숙박시설인 관광호텔과 일반숙박시설인 일반호텔 사이에, 나아가 관광호텔의 종류나 등급, 그 운영시설의 규모 등에 따라 본질적인 차이가 있다고 보기 어렵다. 따라서 이 사건 법률조항에 의한 직업수행 자유 및 재산권의 제한이 그 입법목적 달성을 위하여 필요한 정도를 넘어 과도한 것이라고 할 수 없다.

③ 나아가 정화구역 안에 호텔영업을 금지함으로써 토지나 건물의 소유자 내지 호텔 영업자가 입게 될 불이익보다 학생들의 건전한 육성 및 학교 교육의 능률화 등의 공익이 결코 작지 아니하다고 할 것이므로, 이 사건 법률조항은 법익균형성의 원칙에도 위배되지 아니한다.

④ 나아가 이 사건 법률 조항의 입법 취지와 목적 등에 비추어 볼 때, 이 사건 법률조항에 의하여 교육감 또는 그가 지정하는 사람이 학교환경위생정화구역 안에서의 금지행위 및 시설의 해제신청에 대하여 학교환경위생위원회의 심의를 거쳐 그 행위 및 시설이 학습과 학교보건에 나쁜 영향을 주지 아니하는 것인지의 여부를 판단하여 그 금지행위 및 시설을 해제하거나 또는 계속하여 금지할지 여부를 결정할 수 있는 재량권을 가진다고 하여 교육당국에게 자의적인 법집행권한을 부여하였다고 볼 수 없다.

⑤ 따라서 이 사건 법률조항의 단서 부분이 명확성의 원칙에 위반된다고 할 수 없다.

○헌법재판소

- 학교보건법 제6조 제1항 제13호 등에 대한 위헌소원(2011.10.25. 2010헌바384)

- 결론: 합헌

- 헌재 판결 요지

: 학교보건법 제6조 제1항 제13호는 여관의 유해환경으로부터 중학교 학생들을 보호하여 중학교 교육의 능률화를 기하려는 것으로서 그 입법목적의 정당성이 인정되고, 유해환경으로서의 특성을 갖는 여관영업을 정화구역 안에서 금지한 것은 위와 같은 입법목적을 달성하기 위하여 효과적이고 적절한 방법의 하나라고 할 수 있어서 수단의 적정성도 인정된다. (중략) 여관영업을 금지함으로써 건물소유자 내지 여관업자가 입게 될 불이익보다는 이를 허용함으로 인하여 중학교 교육의 능률화를 기할 수 없는 결과가 더 크다고 할 것이므로, 법익균형성도 충족하고 있다. 따라서 이 사건 법률조항은 비례의 원칙을 위반하여 직업수행의 자유 및 재산권을 침해하지 않는다.

○'학교환경위생 정화구역 확대' 법안 상정 예정

- 6월 17일, 『학교보건법』 개정안(새누리당 이명수 의원 대표발의)이 교문위 상정 예정

- 법안의 주요 내용은 학교환경위생 정화구역의 범위를 현행 200m에서 500m로 확대하는 것임

학교환경위생정화위원회 국회입법조사처의견

2014년 9월 10일 정의당 정진후 의원이 공개한 국회 입법조사처의 '학교환경위생정화위원 관련 회답서'입니다. 국회 입법조사처는 2014년 8월 28일 교육부가 공포한 훈령 '관광호텔업에 관한 학교환경위생정회위원회 심의규정'이 훈령의 상위법인 '학교보건법'과 '학교보건법 시행령'을 위반할 여지가 크다는 취지의 의견을 내었습니다.

요 약

질의 요지

교육부는 학교환경위생정화위원회 심의 대상인 관광호텔과 관련하여 100실 이상의 관광호텔에 한해 사업자가 위원회에 출석하여 사업설명을 할 수 있게 하는 등의 내용으로 첨부한 훈령을 입법예고함.

그러나 현행 「학교보건법」 상 학교환경위생정화구역 내 유해시설의 심의와 관련해서는 학교환경위생정화위원회가 심의하도록 되어있고, 이 위원회의 운영은 교육감이 정하도록 되어있음. 따라서 교육부가 이러한 훈령을 제정하려는 것은 상위법의 입법취지에 어긋난다고 판단됨.

이에 대해 첨부한 교육부의 입법예고 훈령이 「학교보건법」을 위반하고 있는 것인지에 대한 판단과 그 사유 등에 대한 입법조사처의 검토의견을 요청함.

(회답일 2014.09.03)

❙조사 · 분석 방향

○ 질의와 관련하여 관련 전문가의 자문의견을 정리함

❙주 요 내 용

1. 변오연 변호사 자문의견

○ 교육부가 입법예고한 훈령인 "관광호텔업에 관한 학교환경위생정화위원회 심의규정 제정안" 은, ① 가장 하위에 위치한 규정이 상위에 있는 법률 또는 대통령령을 개정하는 것과 동일한 효력이 초래될 여지가 있어서 법률 체계적으로 모순이 있는 점, ② 위원회의 구성 및 운영에 관하여 법률과 대통령령이 교육감 등에게 부여한 권한이 침해될 여지도 있는 점, ③ 입법적인 위임에 관한 별도의 근거규정이 존재하지 않는 상황이어서 위임입법 관련 법리나 한계를 일탈하였다고 볼 수도 있는 점, ④ 근본적으로 위원회의 공정성과 투명성의 제고라는 법령의 취지에도 부합되기 어려운 점 등에서 허용될 수 없다고 판단됨

2. 윤동욱 변호사 자문의견

○ 시 · 도교육감의 학교환경위생정화구역 관련사무는 국가 즉, 교육부로부터 위임된 것이 아니라 해당 지방자치단체 고유의 자치사무라고 할 것임. 또한 「학교보건법」 및 「학교보건법 시행령」은 시 · 도교육감에게 학교환경위생정화구역 내 금지행위에 대한 해제에 있어 폭넓은 재량권을 부여하고 있음. 따라서, 교육부가 행정입법을 통해 위 재량권을 제한 · 구속하는 것은 현재로서는 시 · 도교육감의 권한을 침해할 소지가 있는 것으로 보여, 상위법인 「학교보건법」 및 「학교보건법 시행령」에 반할 여지가 큰 것으로 판단됨

3. 박유화 · 서유석변호사 자문의견

○ 학교환경위생정화구역과 관련된 사무의 성질은 전국적으로 통일적인 처리가 요구되는 것이라기보다는 지역적 · 환경적 특성, 이익에 따라 다르게 처리되는 것이 타당한 성질의 것으로 보이는 점 등을 종합적으로 고려하여 보면, 학교환경위생정화구역 안에서 금지 행위 및 시설을 해제하는 사무는 자치사무에 해당

한다고 판단됨. 「지방자치법」은 자치사무에 대한 통제를 위법성에 대한 통제에 그치도록 하는 등 상급행정기관의 통제 범위를 제한하고 있는바, 교육부장관으로서는 훈령의 형식으로 교육감(또는 교육장)의 권한행사의 방식을 제한하거나 그와 관련하여 절차적으로 준수하여야 할 의무를 부과하는 것은 가급적 지양함이 바람직할 것이고 이는 교육감의 권한을 침해할 소지가 있다고 보임. 하지만, 교육부 장관이 국가적 사무를 수행함에 있어 하급행정기관인 교육감의 권한행사 방식에 일부 절차적인 제한을 두는 것은 상급행정기관의 권한 범위라고 볼 여지가 있음

1. 학교환경위생정화위원회 관련 규정

□ 「학교보건법」 제6조제2항은 학교환경위생정화위원회의조직, 기능 및 운영에 관한 사항은 대통령령으로 정하도록 명시함

「학교보건법」
제6조(학교환경위생 정화구역에서의 금지행위 등) ② 제1항의 학교환경위생 정화위원회의 조직, 기능 및 운영에 관한 사항은 대통령령으로 정한다. 〈개정 2007.12.14.〉

□ 「학교보건법 시행령」 제7조는 학교환경위생정화위원회의 설치·운영에 관한 사항을 규정하고 세부 내용은 다음과 같음

○ 동법 시행령 제7조제10항은 학교환경위생정화위원회의 설치·운영에 대하여 규정한 사항 외에 정화위원회의 구성 및 운영에 필요한 사항은 교육감이 정하도록 명시함

「학교보건법 시행령」
제7조(학교환경위생정화위원회의 설치·운영) ① 학교환경위생정화업무에 관한 사항을 심의하기 위하여 교육감이나 교육감이 위임한 사람의 소속으로 학교환경위생정화위원회(이하 "정화위원회"라 한다)를 둔다.
② 정화위원회는 위원장과 부위원장 각 1명을 포함한 13명 이상 17명 이내의 위원으로 구성한다.
③ 위원장과 부위원장은 위원 중에서 호선하며, 위원장은 회의에 관한 사무를 총괄하고 정화위원회를 대표한다.
④ 위원장은 정화위원회의 회의를 소집하고, 그 의장이 된다.
⑤ 위원은 해당 교육감 또는 교육감이 위임한 자가 소속 직원, 관련기관의 공무원, 학부모 또는 지역사회의 관련 전문가 중에서 학식과 경험이 있는 사람을 임명하거나 위촉하되, 학교운영위원회 위원인 학부모가 위원 총수의 2분의 1 이상이 되어야 한다.
⑥ 정화위원회는 재적위원 과반수의 출석으로 개의하고, 출석위원 3분의 2이상의 찬성으로 의결한다.
⑦ 위원장은 회의에 부치는 안건과 관련된 학교의 장을 정화위원회에 출석하게 하여 그 의견을 들을 수 있다. 〈신설 2012.8.13.〉
⑧ 위원장은 회의에 부치는 안건과 관련된 학교운영위원회 위원 또는 학부모가 정화위원회의 참관을 요청하는 경우에는 이를 허용하여야 한다. 다만, 위원장은 정화위원회 심의의 공정성을 해칠 우

려가 있다고 인정하는 경우에는 정화위원회의 의결을 거쳐 참관을 허용하지 아니할 수 있다. 〈신설 2012.8.13.〉

⑨ 학교의 장은 정화위원회의 심의 결과에 이의가 있는 경우에는 심의 결과를 안 날부터 10일 이내에 학교운영위원회의 의견을 들어 재심의를 요청할 수 있다. 이 경우 재심의를 요청받은 정화위원회는 요청받은 날부터 15일 이내에 재심의를 하여야 한다. 〈신설 2012.8.13.〉

⑩ 제1항부터 제9항까지에서 규정한 사항 외에 정화위원회의 구성 및 운영에 필요한 사항은 교육감이 정한다. 〈개정 2012.8.13.〉

[제목개정 2012.8.13.]

제7조의3(위원의 제척·기피·회피) ① 정화위원회의 위원이 다음 각 호의 어느 하나에 해당하는 경우에는 정화위원회의 심의·의결에서 제척(除斥)된다.

1. 위원 또는 그 배우자나 배우자이었던 사람이 해당 안건의 당사자가 되거나 그 안건의 당사자와 공동권리자 또는 공동의무자인 경우
2. 위원이 해당 안건의 당사자와 친족이거나 친족이었던 경우
3. 위원이 해당 안건에 대하여 증언, 진술, 자문, 연구, 용역 또는 감정을 한 경우
4. 위원이나 위원이 속한 법인·단체 등이 해당 안건의 당사자의 대리인이거나 대리인이었던 경우

② 해당 안건의 당사자는 위원에게 공정한 심의·의결을 기대하기 어려운 사정이 있는 경우에는 정화위원회에 기피 신청을 할 수 있고, 정화위원회는 의결로 이를 결정한다. 이 경우 기피신청의 대상인 위원은 그 의결에 참여하지 못한다.

③ 위원이 제1항 각 호의 어느 하나에 해당하는 경우에는 스스로 해당 안건의 심의·의결에서 회피(回避)하여야 한다.

[본조신설 2012.7.4.]

[제7조의2에서 이동, 종전 제7조의3은 제7조의4로 이동 〈2012.8.13.〉]

2. 학교환경위생정화위원회 심의 관련 교육부훈령 제정 검토

1) 변오연 변호사*

□ 「학교보건법 시행령」 제7조는 학교환경위생정화위원회의 소속을 교육감이나 교육감이 위임한 사람으로 밝히고 있으며(제1항), 위원회에 부치는 안건에 관련된 학교의 장을 출석하게 하여 그 의견을 듣거나, 학교운영위원회 위원 또는 학부모의 위원회 참관의 허용 여부의 결정권한을 위원장에게 부여하고(제7, 8

* 변오연 변호사, 「법무법인 오늘」 변호사, 「국회입법조사처 전문가 자문위원」, 2014년 9월 1일.

항), 기타 위원회의 구성 및 운영에 관한 필요한 사항의 결정권을 교육감에게 부여하고 있음(제10항)

○ 「학교보건법」 및 「학교보건법 시행령」은 학교환경위생정화위원회라는 교육감 등 소속 기관의 구성 및 운영 사항의 결정권한을 교육감에게, 위원회의 구체적인 운영권한은 위원장에게 각 전속시키면서 이를 통한 학교환경위생정화위원회의 공정성 및 투명성 제고에 관한 책임 역시 결국은 교육감 또는 위원장으로 하여금 부담시켜 이를 지방교육자치의 영역 속에 포함시키는 구조라고 할 것임

○ 이와 같이 학교환경위생정화위원회의 구성 또는 운영 등 제반 권한이 교육감 또는 위원장에 있다는 점이 대외적인 구속력을 가지는 법률과 대통령령, 즉, 법령에 명시되어 있는 점에서, 만약, 교육부장관 등에게 이에 대한 별도의 권한을 부여하기 위해서는 현행 「학교보건법」이나 「학교보건법 시행령」이 개정됨으로써 이에 대한 구체적인 근거규정이 마련되어야 비로소 가능하다고 보임

□ 현재 예고된 교육부장관의 「관광호텔업에 관한 학교환경위생정화위원회 심의규정 제정(안)」에 관한 훈령은 그 실질이 「학교보건법」 및 「학교보건법 시행령」이라는 법령에 명시된 교육감 또는 위원장의 위원회 구성 및 운영에 대한 권한사항을 정하는 취지로서 중앙행정기관의 내부지침이 상위에 있는 「학교보건법」 및 「학교보건법 시행령」을 사실상 개정하는 것과 마찬가지의 결과를 빚고 있음

○ 현재 예고된 교육부장관의 훈령은 헌법, 법률, 대통령령, 부령(시행규칙) 등의 순서로 상·하위 관계가 구성되는 현행 법률체계와 부합하지 않으며 「학교보건법」 및 「학교보건법 시행령」으로부터 위원회의 구성 및 운영 등의 결정에 관하여 교육감에게 부여된 권한이 특별한 법령상의 근거없이 중앙행정기관의 장으로부터 침해받는 결과를 초래한다는 문제도 제기될 수 있음

○ 또한 「학교보건법」 및 「학교보건법 시행령」에 학교환경위생정화위원회의 운영 등에 관한 구체적인 내용을 교육부장관이 훈령 등의 형식을 통해서 별도로 정할 수 있다는 등과 같은 위임규정이 존재하는 것도 아니기 때문에, 이러한 상황에서 위원회의 운영 등에 관한 훈령이 제정되는 것은 입법위임의 원칙과 한계를 위배 내지 일탈하였다는 문제도 제기가능하다고 보여짐

□ 「학교보건법」과 이에 따른 「학교보건법 시행령」은 학교환경위생정화위원회의 출석 또는 참관 자격을 위원장과 위원, 의안에 직접 관련된 해당 학교의 장, 학교운영위원회 위원 또는 학부모로만 명시하면서 해당 의안에 대한 직접적인 이해관계인인 사업자 등의 위원회 출석 또는 참관, 의견진술 등의 권한을 배제함

○ 「학교보건법 시행령」 제7조는 위원장이 심의의 공정성을 해칠 우려가 있다고 인정하는 경우에는 설령 위와 같이 출석 또는 참관이 원칙적으로 허용되는 사람들에 대해서도 위원회의 의결을 거쳐 참관 불허 등을 결정할 수 있도록 규정함(제8항 단서)

○ 「학교보건법 시행령」 제7조의3(위원의 제척·기피·회피)은 위원들 중에서도 해당 안건의 당사자이거나 그 안건의 당사자와 공동권리자 또는 공동 의무자, 친족 등 관계를 맺고 있거나 해당 안건에 대하여 증언, 진술, 자문, 연구, 용역 또는 감정을 한 경우, 위원이나 위원이 속한 법인·단체 등이 해당 안건의 당사자의 대리인이거나 대리인이었던 경우 등을 해당 위원의 제척, 기피, 회피 사유로 삼고 있기도 함

○ 「학교보건법」 및 「학교보건법 시행령」은 해당 의안과 이해관계를 맺고 있지 않은 사람들(학부모 등)에 대해서는 위원회 참관 등을 통하여 위원회 운영의 투명성을 제고하면서 동시에 해당 의안과 이해관계가 있는 사람들을 위원회의 구성이나 출석, 참관 등의 절차로부터 최대한 배제하여 위원회의 공정성을 함께 제고하겠다는 취지를 담고 있는 것으로 보임

○ 현재 교육부장관 훈령(안)이 예정하는 것처럼 사업자의 위원회 출석 및 위원들을 상대로 한 사업추진계획 설명 등의 권리를 사업자에게 부여하는 것은

「학교보건법」 및 「학교보건법 시행령」이 추구하고 있는 위원회의 공정성 및 투명성 제고라는 취지와 배치된다는 문제도 제기될 수 있음

□ 교육부가 입법예고한 훈령인 "관광호텔업에 관한 학교환경위생정화위원회 심의규정 제정안"은, ① 가장 하위에 위치한 규정이 상위에 있는 법률 또는 대통령령을 개정하는 것과 동일한 효력이 초래될 여지가 있어서 법률 체계적으로 모순이 있는 점, ② 위원회의 구성 및 운영에 관하여 법률과 대통령령이 교육감 등에게 부여한 권한이 침해될 여지도 있는 점, ③ 입법적인 위임에 관한 별도의 근거규정이 존재하지 않는 상황이어서 위임입법 관련 법리나 한계를 일탈하였다고 볼 수도 있는 점, ④ 근본적으로, 위원회의 공정성과 투명성의 제고라는 법령의 취지에도 부합되기 어려운 점 등에서 허용될 수 없다고 판단됨

2) 윤동욱 변호사*

가. 시 · 도교육감의 학교환경위생정화구역 관련사무의 법적 성격

□ 지방자치단체의 사무는 '자치사무'와 '법령에 의하여 지방자치단체에 속하는 사무(이하 '위임사무'라고 합니다)'로 구별되며(「지방자치법」 제9조 제1항), 자치사무란 주민의 복리에 관한 사무로써 "주민의 복리에 관한 사무"를 지방자치단체의 사무라고 정의한 헌법 제117조 제1항에 근거를 둔 지방자치단체 고유의 사무임

○ 지방자치단체는 자치사무의 수행 또는/및 수행방법에 있어 재량을 가지고 있고, 그 수행에 따른 효과의 귀속을 받으며, 그 수행과 관련해 발생하는 경비를 스스로 지출할 의무를 가지고 있음(「지방재정법」 제20조)

○ 위임사무란 국가 또는 다른 지방자치단체가 법령에 의해 자신의 사무를 지방자치단체에 위임한 것을 말하며, 수임(受任) 지방자치단체는 국가 또는 다른 지방자치단체의 지시와 감독을 받으며 자신의 이름과 책임으로 위임사무를

* 윤동욱 변호사, 「법률사무소 서희」 변호사, 「국회입법조사처 전문가 자문위원」, 2014년 8월 29일.

처리하고, 그 수행의 효과는 국가 또는 위임(委任) 지방자치단체에 귀속하며, 그 수행과 관련해 발생하는 경비는 국가 또는 위임 지방자체단체에서 부담함(「지방자치법」 제141조 단서)

○ 양 사무를 구별하는 기준이 법정된 것은 아니므로, 대법원은 "법령상 지방자치단체의 장이 처리하도록 규정하고 있는 사무가 자치사무인지 기관위임된 국가사무에 해당하는지를 판단할 때에는 법령의 규정 형식과 취지를 우선 고려해야 할 것이지만, 그 밖에도 사무의 성질이 전국적으로 통일적인 처리가 요구되는 사무인지 여부나 경비부담과 최종적인 책임귀속의 주체 등도 아울러 고려하여 판단해야 한다"는 일반론을 제시하고 있음(대법원 2014.2.27. 선고 2012 추 145 판결 참조)

□ 자치사무의 근거로 언급한 「헌법」 제117조 제1항은 "지방자치단체는 주민의 복리에 관한 사무를 처리하고 재산을 관리하며, 법령의 범위 안에서 자치에 관한 규정을 제정할 수 있다"라고 규정하고 있는데, 상식적으로 '주민의 복리'라는 개념에 '주민에 대한 교육'이 내포되어 있다고 함이 자연스러워 보임. 따라서, 「지방자치법」 제9조 제2항 제5호는 '교육·체육·문화·예술의 진흥에 관한 사무'를 지방자치단체의 사무로 예시하고, 동법 제121조는 '지방자치단체의 교육·과학 및 체육에 관한 사무를 분장하기 위하여 별도의 기관(제1항)' 및 위 기관의 조직·운영을 위한 법률(제2항)을 두도록 규정함

○ 이에 따라 제정된 것이 「지방교육자치에 관한 법률」이며 동법 제2조는 "지방자치단체의 교육·과학·기술·체육 그 밖의 학예(이하 "교육·학예"라 한다)에 관한 사무는 특별시·광역시 및 도(이하 "시·도"라 한다)의 사무로 한다"라고 규정하여, 교육·학예에 관한 사무가 지방자치단체의 자치사무 임을 규정함. 또한, 동법 제18조는 시·도교육감이 당해 지방자치단체의 교육행정집행기관인 동시에, 그 범위 내에서 당해 지방자치단체를 대표하는 지위에 있음을 규정함. 그런데 동법 제20조 제5호는 '학교체육·보건 및 학교환경정화에 관한 사항'을 교육감의 교육·학예에 관한 사항 중 하나로 예시하고 있음

○ 이에 따라 「학교보건법」이 제정되었는바 그 중 학교환경위생정화구역에 대한 내용을 살펴보면, 동법 제5조는 교육감에게 학교환경위생정화구역을 설정·고시하도록 하고, 동법 제6조는 위와 같이 설정된 학교환경위생 정화구역 내에서 금지되는 행위를 열거한 후, 다시 교육감에게 위 금지 에 대한 일부 해제권을 부여하고 있음. 또한, 「학교보건법 시행령」은 "...정화위원회의 구성 및 운영에 필요한 사항은 교육감이 정한다"라고 규정함(동법 시행령 제7조 제10항). 반면, 동법에 규정된 다른 보건사무 가령 학교환경위생 및 식품위생(동법 제4조)·학생 등의 건강검사(동법 제7조)에 관한 사무에 대하여는 학교장이 교육부령으로 정한 바에 따라 수행하도록 규정되어 학교환경위생정화구역 관련사무와 명시적인 차이를 보임

□ 학교환경위생정화구역 관련 사무는 교육부로부터 위임된 사무가 아닌 지방자치단체의 자치사무로, 그 사무를 처리해야 한다는 점 자체는 「학교보건법」에 의해 정해진 의무이나(학교보건법 제5조 제1항), 그 수행방법에 대하여는 교육감에게 폭넓은 재량권이 인정되어 있다고 할 수 있음(동법 시행령 제7조 제10항)

나. 교육부의 「학교환경위생정화구역 심의규정 제정(안)」 검토

□ 시·도교육감의 학교환경위생정화구역 관련사무는 국가 즉, 교육부로부터 위임된 것이 아니라 해당 지방자치단체 고유의 자치사무라고 할 것임. 또한, 「학교보건법」 및 「학교보건법 시행령」은 시·도교육감에게 학교환경위생정화구역 내 금지행위에 대한 해제에 있어 폭넓은 재량권을 부여하고 있음

○ 따라서, 교육부가 행정입법을 통해 위 재량권을 제한·구속하는 것은 현재로서는 시·도교육감의 권한을 침해할 소지가 있는 것으로 보여, 상위 법인 「학교보건법」 및 「학교보건법 시행령」에 반할 여지가 큰 것으로 판단됨

3) 박유화 · 서규영변호사*

□ 「학교보건법」 및 「학교보건법 시행령」은 학교환경위생정화구역 안에서의 금지 행위 및 시설이 학습과 학교보건에 나쁜 영향을 주지 않는 것인지의 여부를 결정하여 그 금지행위 및 시설을 해제하거나 계속하여 금지하는 등의 조치를 취할 수 있는 권한을 '교육감(또는 교육감이 지정하는 자)'에게 부여하고 있음

○ 「학교보건법」은 국가의 장래를 짊어질 학생들을 위해서는 가급적 학교 주변에 학습이나 학교보건위생에 해를 끼칠 가능성이 있는 행위나 시설이 가급적 들어서지 못하도록 해주는 것이 바람직하다는 점을 고려하여(「학교보건법」 제1조 참조), 학교환경위생정화구역 안에서 금지 행위 및 시설이 학습과 학교보건에 나쁜 영향을 주지 않는 것인지의 여부와 가장 밀접한 관련성이 있는 해당 교육감(또는 교육장)에게 명문으로 그 금지 행위 및 시설을 해제하거나 계속하여 금지하는 등의 조치를 취할 수 있는 권한을 부여하고 있음.** 이처럼 「학교보건법」은 명문으로 교육감에게 위 권한을 부여하고 있는 점, 학교환경위생정화구역과 관련된 사무의 성질은 전국적으로 통일적인 처리가 요구되는 것이라기보다는 지역적 · 환경적 특성, 이익에 따라 다르게 처리되는 것이 타당한 성질의 것으로 보이는 점 등을 종합적으로 고려하여 보면, 학교환경위생정화구역 안에서 금지 행위 및 시설을 해제하는 사무는 자치사무에 해당한다고 판단됨

○ 「지방자치법」은 자치사무에 대한 통제를 위법성에 대한 통제에 그치도록 하는 등 상급행정기관의 통제 범위를 제한하고 있는바, 교육부장관으로 서는 훈령의 형식으로 교육감(또는 교육장)의 권한행사의 방식을 제한하거나 그

---

* 박유화 · 서규영변호사, 「정부법무공단」 변호사, 「국회입법조사처 전문가 자문의견」, 2014년 9월 3일.

** 교육감(또는 교육장)의 「학교보건법」상 위 권한에 대하여, 판례는 '「학교보건법」이 정화구역 내에서의 금지행위를 특별한 사정이 인정되는 경우에 한하여 예외적으로 허용해주도록 규정하고 있는 점에 비추어 보면, 교육감(또는 교육장)이 금지행위 및 시설해제에 관하여 내린 판단은 특별한 사정이 없는 한 이를 최대한 존중하여야 한다'고 판시해 오고 있음(대법원 2010.3.11. 선고 2009두17643 판결, 서울행정법원 2010.12.9. 선고 2010 구합19461 판결 등 참조)

와 관련하여 절차적으로 준수하여야 할 의무를 부과하는 것은 가급적 지양함이 바람직할 것이고, 이는 교육감의 권한을 침해할 소지가 있다고 보임

□ 하지만, 다음과 같은 반대의 견해를 참고하기 바람

① 「학교보건법」 제6조의 취지는 성장기에 있는 학생들에게 그들의 주요 활동 공간인 학교주변의 일정지역이라는 최소한의 범위를 정하여 그 범위 내에서 유해환경을 방지하고 평온하며 건강한 환경을 마련해 줌으로써 변별력과 의지력이 비교적 미약한 청소년 학생을 보호하여 학교교육의 능률을 기하고자 함이므로(대법원, 2004.4.23. 선고 2004두206 판결 참조), 그 행위 및 시설의 종류나 규모, 학교에서의 거리와 위치, 학교의 종류와 학생 수, 학교 주변의 환경, 그 행위 및 시설이 주변의 다른 행위나 시설 등과 합하여 학습과 학교보건위생 등에 미칠 영향 등의 사정, 그 행위나 시설이 금지됨으로 인하여 상대방(사업자)이 입게 될 재산권 침해를 비롯한 불이익 등의 사정 등 여러 가지 사정을 합리적으로 비교·교량 하였을 때 그 시설이 학습과 학교보건에 나쁜 영향을 준다고 보기 어려운 경우에는 학교환경 위생정화구역 내에서도 관광호텔을 영위할 수 있도록 하는 것은 가능하고 서울행정법원 2013.8.22. 선고 2013구합2068 판결 참조), 이것이 「학교보건법」의 입법취지를 해하는 것이라고 할 수는 없다는 점, ② 학교환경위생정화구역과 관련된 사무의 성질은 전국적으로 통일적인 처리가 요구되는 것으로 기관위임사무로 보아야 하는 점, ③ 교육부장관이 국가적 사무를 수행 함에 있어 하급행정기관인 교육감의 권한행사방식에 일부 절차적인 제한을 두는 것은 상급행정기관의 권한 범위라고 볼 여지가 있는 점 등을 근거로 가능하다고 해석할 여지도 있음

변오연 변호사, 「법무법인 오늘」 변호사, 「국회입법조사처 전문가 자문위원」, 2014년 9월 1일.

윤동욱 변호사, 「법률사무소 서희」 변호사, 「국회입법조사처 전문가 자문위원」, 2014년 8월 29일.

박유화·서규영변호사, 「정부법무공단」 변호사, 「국회입법조사처 전문가 자문의견」, 2014년 9월 3일.

박근혜 정부는 특정 재벌기업의 사익을 위해 역사·문화적 가치와 학습권을 파괴하는 행위를 즉각 중단하라!

박근혜 정부는 (구)미대사관 숙소부지(종로구 송현동)에 대한항공이 호텔을 건립할 수 있도록 관광진흥법 개정과 교육부 훈령제정이라는 편법을 동원하고 있다. 지난 3월 26일 개최된 경제관계장관회의에서도 대한항공 호텔건립 추진을 위한 논의를 진행하여, 동 부지가 안고 있는 공공성을 파괴하려 하고 있다.

구 미대사관 숙소부지는 풍문여고와 덕성여·중고가 바로 옆에 있고, 경복궁과 북촌지구와 연결되는 중요한 지정학적 위치에 놓여있다. 따라서 동 부지는 건전한 학습환경 유지와 역사·문화적 가치를 높일 수 있는 장소로 활용됨이 옳다. 하지만 재벌이 소유한 호텔이 들어설 경우 재벌의 사익추구 행위에 밀려 이러한 공공적 가치는 파괴될 것이 불 보듯 뻔하다.

정부는 이러한 장소에 관광호텔을 신축하여 이익을 창출하려는 대기업의 이기적인 요구를 일자리 창출과 경제회복이라는 미사여구로 포장하면서 옹호하고 있다. 정부의 이 같은 정책은 나라의 전통 가치와 학생들의 가장 기본적인 학습 환경을 무시하는 졸속적인 것으로 국민들의 지지를 받지 못할 것이다.

이에 시민 단체들(경실련도시개혁센터, 문화연대, 도시연대, 녹색연합, 인간도시컨센서스, 북촌을 아끼는 사람들, 서촌주거공간연구회)은 '박근혜 대통령이 관광진흥과 고용창출을 핑계삼아 특정재벌의 사익을 보장하고, 건전한 학습환경과 역사·문화적 공공성을 파괴하는 행위를 즉각 중단할 것을 촉구'하는 공동입장을 밝힌다.

첫째, 박근혜 정부는 천문학적 역사·문화 가치와 학습환경 파괴하는 일방적인 호텔 건립 추진시도를 즉각 중단하라.

박근혜 대통령은 관광진흥산업 활성화와 고용창출을 위해 학교주변 호텔건립을 할 수 있도록 관련 법률을 개정할 것을 주문하고 있다. 이러한 법률이 개정될 경우 가장 수혜를 입는 기업은 (구)미대사관 숙소부지를 소유하고 있는 대한항공이 될 것은 두말 할 나위도 없다. 하지만 동 부지의 경우 인근 경복궁과 북촌으로 연결되는 서울의 중요한 역사적 장소임과 동시에 인근 학교로 인해 공공적 가치를 높일 수 있는 공간으로 활용되어져야 하고, 호텔 같은 숙박시설이 들어와서는 절대 안 될 곳이다. 이렇게 중요한 사안임에도 박근혜 대통령과 정부에서는 서울시민과 주민, 관련 학교, 서울시, 종로구, 국회 등 이해관계자들의 의견수렴 한번 없이 편법을 동원해 일방적으로 밀어붙이고 있다.

대상부지는 학교보건법에 따라 관광호텔을 금지하는 것이 적법하고 타당하다는 사법부의 판결이 이미 내려진 곳이다. 국토의 계획 및 이용에 관한 법률의 규정에 따라 용도지역의 제한을 받고 있을 뿐 아니라 서울시가 수립한 지구단위계획에서도 관광호텔이 불허용도로 정해져 있다. 하지만 정부는 교육부의 훈령을 제정하여 사법부의 결정을 무력화시키는 변칙적인 시도를 하고 있다. 또 국가가 특정기업의 이익을 위해 사법부의 판단도 무시한다는 오해를 불러일으킬 수도 있으며, 앞으로 학교환경위생정화구역에 입지하려는 많은 용도들에 대해서도 적절한 관리가 어렵게 될 것이 분명하다.

우리는 박근혜 대통령과 정부가 진정 우리나라의 역사·문화적 가치를 중요하게 생각한다면, 호텔건립 시도를 즉각 중단하고, 시민들의 의견을 수렴해 해당부지의 공공적 가치를 높일 수 있는 방안부터 강구할 것을 강력히 촉구한다.

둘째, 박근혜 대통령은 사익추구를 위한 재벌기업의 요구를 수용할 것이 아니라, 재벌기업들이 역사·문화적 가치를 훼손하지 않도록 사회적 책임 이행을 주문해야 할 것이다.

박근혜 정부는 투자와 내수활성화란 명목 하에 최근 재벌기업들과 관련된 규제를 다 풀고 있고, 그 중 부동산 규제완화에 중점을 두고 있다. 우리나라 토지는 정부소유를 제외하고는 재벌들이 가장 많이 가지고 있다. 언론기사에 따르면 10대 재벌 그룹 93개 상장사의 토지 보유액만 해도 60조 3천억 원에 이른다는 것이 드러났다. 재벌그룹 비 상장사와 재벌일가가 보유한 토지를 합칠 경우 그 액수는 수백조 이상이 될 것이다. 재벌기업들은 정부의 규제완화가 이루어 질 때마다 토지자산 증가로 인한 엄청난 불로소득을 얻었음에도, 기업의 사회적 책임은커녕, 불공정행위를 통해 또 다른 불로소득을 창출해 왔다.

재벌기업들은 최근 우리나라의 경제상황이 나빠지자, 또 다시 기회이다 싶어 투자를 명목으로 꼭 필요한 규제임에도 풀어달라고 대통령과 정부, 국회에 요구하고 있다. 박근혜 대통령은 우리나라의 수장으로서 재벌의 사익추구를 위한 요구를 수용할 것이 아니라, 재벌들이 기업시민으로서 우리사회에 공공적 가치를 높이는데 앞장서도록 적극적으로 주문해야 한다.

셋째, 정부는 대상부지를 특정재벌의 이익을 위한 용도가 아니라 국민정서와 지역맥락에 적합한 공간으로 활용하도록 해야한다.

대상부지는 우리나라의 슬픈 역사를 고스란히 안고 있는 곳으로 일제강점기 시대에 한반도 수탈의 첨병이었던 일본 식산은행원의 숙소로 이용되다가, 해방 후 다시 미군에 임대되어 미 대사관의 숙소로 이용되던 곳이다. 따라서 당연히 '미군공여구역반환'에 따라 국가에 반환되어야 했음에도, 갑자기 미군에서 국방부로 소유권한이 이전된 후 2002년 삼성생명에 매각되었다가 다시 2008년 대한항공으로 매각된 과정을 거치고 있다. 정부는 오랜 역사와 전통의 공간이 일제와 미군에 의해 강제로 점유되어 왜곡될 수밖에 없었던 슬픈 과거를 돌이켜 봐야 한다. 이제 다시 특정재벌의 이익을 위해 왜곡되고 오염되는 것을 막고 역사·문화적 가치는 물론, 국민들의 정서와 지역 맥락에 적합한 공간이용이 가능하도록 해주어야 한다.

끝으로, 우리는 박근혜 대통령과 정부는 전 세계적으로 인정받는 강국들은 역사·문화 자산의 보존과 발전, 건전한 교육을 통한 인적자원 양성이 기반 되었다는 것을 반드시 명심하고, 학교주변 호텔건립 추진시도를 즉각 중단하기를 재차 강력히 촉구한다. 나아가 향후에도 우리나라 미래의 희망인 학생들의 교육환경을 지켜주기 위한 착한 규정들을 부정하고, 준엄한 사법부의 결정과 지자체의 행정조치들을 모두 무시하면서까지 편법적 추진을 강행할 경우 학생들과 학부모는 물론, 전체 국민들의 반발과 불신을 받게 될 것임을 엄중히 경고한다. 아울러 이러한 착한 규정을 철폐하려는 세력들에 대해 모든 역량을 모아 강력히 대처해 나갈 것임을 밝힌다. 끝.

2014년 4월 2일

(사)경실련도시개혁센터, 문화연대, 도시연대
녹색연합, 인간도시컨센서스
북촌을 아끼는 사람들, 서촌주거공간연구

박근혜 정부는 학교주변 호텔건립추진 즉각 철회하라
- 송현동 호텔건립 중단촉구 및 학교주변 호텔건립 반대 캠페인 출범 기자회견 -

박근혜 정부는 지난 2013년부터 송현동(경복궁 옆 (구)미대사관 숙소부지)에 특정 재벌을 위한 호텔건립 추진을 시도해 왔다. 올해 초에는 규제개혁장관회의에서 해당 규제완화를 천명하며, 학교환경위생정화구역내에 호텔을 지을 수 있도록 하는 기존의 개정안보다 더 완화된 형태의 개정안을 제시하였다. 최근에는 정부와 여당의 당정협의회에서 이를 재확인하며, 학교주변 호텔건립 허용에 대한 강한 의지를 보이고 있다. 그러나 정부는 학교주변 호텔건립 허용이 가져올 투자활성화와 고용창출 효과가 미미함에도 과장된 통계를 내세워 국민들의 불신을 키우고 있다. 더욱이 해당 규제 완화로 가장 큰 이익을 보는 기업은 재벌기업인 대한항공이다. 대한항공을 위해서 사실상 정부가 규제완화에 앞장서고 있는 것이다.

우리 시민모임은 그 동안 기자회견, 토론회, 보도자료 등을 통해 학교주변 호텔건립 허용의 부당성을 알려왔다. 특히 인근에 3개 학교가 있고, 역사문화가치가 매우 높은 송현동에 호텔 건립에 대한 반대의견을 분명히 표명해왔다. 그럼에도 불구하고 정부는 시민의 뜻을 저버리고 학교주변 호텔건립을 일방적으로 추진하고 있다. 이에 우리 시민모임은 미래 세대를 짊어질 학생들의 건전한 학습환경과 역사문화가치의 파괴를 더 이상 묵과할 수 없어, 학교주변 호텔건립 중단을 촉구하고, 전시민적 저지운동에 돌입하기 위한 공동입장을 밝힌다.

첫째, 정부는 학습환경을 저해하고, 역사문화가치를 파괴하는 학교주변 호텔건립 허용추진을 즉각 중단하라.

학교주변 호텔건립을 허용하는 관광진흥법이 개정될 경우 가장 수혜를 입는 기업은 송현동 부지를 소유한 대한항공이다. 경복궁과 100미터도 떨어져 있지 않고, 북촌한옥마을과 연결되는 서울의 중요한 역사문화공간에 정체불명의 기형적 호텔이 들어선다는 것은 있을 수 없는 일이다. 게다가 인근에 3개 학교가 존재하여 학습환경보호를 위해 원칙적으로 호텔 건립이 금지된 곳에 호텔을 짓기 위해 편법적 법률개정을 시도하는 것 자체가 비정상적인 행태이다. 정부는 기업투자환경개선, 경기활성화 등으로 포장한 학교주변 호텔건립 시도를 즉각 중단해야 한다.

둘째, 정부는 학교주변 호텔건립 허용 이유로 주장하는 호텔부족 및 투자활성화와 고용창출효과를 시민들에게 명백히 밝혀야 한다.

시민모임의 조사결과에 따르면, 특히 호텔이 부족하다고 하는 서울시의 경우 2012년 호텔이용률 평균은 78.9% 이다. 최저 호텔이용률은 1월로서 68.3%이고 최고 호텔이용률을 보이는 10월에도 84.2%에 불과하다. 일정부분 여유가 있다. 더욱이 2013년 말 기준으로 서울시내 신규사업계획 승인된 호텔이 모두 지어질 경우 호텔 개수가 192개에서 293개로 급증(52.6%)하게 된다. 객실 수도 16,543실이 늘어난다. 호텔공급과잉우려는 호텔업계 내부, 은행권보고서에도 드러난 사실이다. 또한 호텔업을 포함하는 숙박업의 임금 수준은 전체 업종 근로자의 75.1%에 불과하며, 임시일용직 비율도 79.2%에 달해 정부의 고용창출효과도 크지 않은 것으로 나타났다. 정부는 과장된 통계로 시민들을 현혹하지 말고 학교주변 호텔건립으로 얻어지는 효과에 대해 충분히 설명해야 한다.

셋째, 국회는 재벌특혜위한 잘못된 규제완화인 학교주변 호텔건립 허용을 담고 있는 '관광진흥법 개정안' 통과를 반드시 저지해야 한다.

시민모임은 학교주변 호텔건립 허용에 관하여 소관 상임위원회인 교육문화체육관광위원회의 위원 전원에게 공개질의를 하였다. 29명의 상임위원 가운데 야당의원(새정치 13, 정의당 1) 전원은 교육환경보호, 학습권, 역사문화가치보전, 호텔건립시 추후 유해업소 난립 등의 이유로 학교주변 호텔건립 허용과 송현동 부지 호텔건립에 대해 분명한 반대의사를 표명하였다. 그러나 여당의원(새누리 15) 전원은 시민의 뜻을 모아 전달한 공개질의에 대하여 '무응답'을 하였다. 공개질의의 취지와 배경을 충분히 설명하였음에도, '모르쇠'로 일관한 집권여당의 태도에 분노하지 않을 수 없다. 당정협의가 이루어진 사안이라면, 학교주변 호텔건립에 대해 분명한 찬성 응답을 하고 국민의 선택을 받아야 함에도 뻔뻔하게도 '무응답'으로 일관한 여당 의원들을 규탄한다. 야당은 '관광진흥법' 개정안 반대를 당론으로 정해서 적극적으로 학교주변 호텔건립을 허용하기 위한 편법적 법안 통과를 저지해야한다. 여당은 당론과 국민들 사이에서 숨지 말고 지금이라도 학교주변 호텔건립이 바람직하지 않음을 시인하고 개정안 국회 의결을 포기해야 한다.

넷째, 정부와 여당은 학교주변 호텔건립을 위한 또 다른 편법적 수단인 '입지규제최소지구' 도입 시도를 즉각 철회하라.

정부는 올해 2월 도심내 주거지역, 역세권 등을 주거·상업·문화기능이 복합된 지역으로 개발한다는 명목으로 '입지규제최소지구' 도입 계획을 발표했다. 또한 새누리당은 해당 내용을 담은 '국토의 계획 및 이용에 관한 법률' 개정안을 발의했다. 이 법안이 시행될 경우, 최소한의 착한 규제인 문화재보호법과 학교보건법이 무력화 되어 학교학습환경과 역사문화경관의 파괴를 가속화 될 것으로 우려된다. 정부와 여당은 관련 법안 도입 시도를 즉각 철회할 것을 촉구한다.

다섯째, 시민모임은 송현동 호텔건립반대 및 학교주변 호텔건립 허용 철회를 위한 대시민 캠페인에 돌입하며, 우리의 요구가 받아들여질 때까지 지속적으로 운동해 나갈 것임을 밝힌다.

시민모임은 정부와 여당의 해당 법 개정시도에 대한 감시활동과 함께, 좋은 규제 지키기 등 규제완화 일변도의 움직임에 대한 경각심을 시민들에게 일깨워 나갈 것이다. 역사문화경관 보존과 학생들의 학습권 보호를 위한 최소한 규제의 필요성을 알리는 선전물을 제작하여 배포하고, 시민이 참여하는 다양한 퍼포먼스 등을 운영하며 우리의 요구가 관철될 때까지 시민과 함께 할 것이다.

세계적으로 인정받는 나라들은 역사·문화적 자산과 건전한 교육을 통한 인적자원에 기반하여 발전해왔다. 박근혜 정부는 이것을 반드시 명심해야 한다. 시민모임은 학교주변 호텔건립 추진시도를 즉각 중단하기를 정부와 여당에 다시 한 번 강력히 촉구한다. 향후에도 미래의 희망인 학생들의 교육환경을 지켜주기 위한 착한 규정들을 부정하고, 송현동 호텔건립을 포함한 학교주변 호텔건립 추진을 강행할 경우, 학생들과 학부모는 물론, 전체 시민들의 반발과 불신을 받게 될 것임을 엄중히 경고한다. 아울러 최소한의 착한 규정마저 개정하려는 세력들에 대해 모든 역량을 모아 강력히 대처해 나갈 것임을 밝힌다.

2014년 7월 22일

송현동 호텔건립반대 시민모임
〈(사)경실련도시개혁센터, 문화연대, 도시연대
참교육을 위한 전국학부모회, 북촌을 아끼는 사람들, 서촌주거공간연구회
서울KYC, 녹색연합, 인간도시컨센서스〉

학교주변 호텔건립 허용위해 상위법 위반하고 학습환경 파괴하는, 교육부 훈령제정 중단하라 !

- 시민 510명, 제정안 입법예고에 대한 반대의견서 제출 -

교육부의 「관광호텔업에 관한 학교환경위생정화위원회 심의규정」은 학교주변의 학습환경을 지키기 위한 「학교보건법」의 이념과 배치되고, 대기업의 이익을 위해 학생들의 학습 환경을 희생시킬 수 있다. 이에 시민 510명과 '송현동 호텔건립반대 시민모임'은 훈령제정을 즉시 중단해 줄 것을 교육부에 강력히 촉구하면서 제정 반대의견서를 제출한다.

학교환경위생 정화구역에서는 학습과 학교보건위생에 나쁜 영향을 주는 시설의 설치를 금지하고 있다. 학교주변에 호텔, 여관, 여인숙을 비롯해 PC방, 유흥업소, 사행행위장, 폐기물수집장소 등을 원칙적으로 설치할 수 없다. 그러나 교육부의 심의규정 제정안에는 100실 이상의 객실을 갖춘 사업자가 원할 경우 학교환경위생정화위원회에서 사업추진계획에 대한 설명기회를 부여하고, 위원회의 결정결과를 인·허가 기관에 알리도록 의무화하고 있다. 심지어 사업자가 위원회에 출석할 수 있도록 하여 위원회 결정에 영향을 줄 수 있도록 허용하고 있다.

지난 수년간 대한항공은 송현동에 호텔건립을 시도했지만, 번번이 좌절됐다. 최근 대법원도 호텔건립의 부당함을 판결하였던 사업에 대해, 상위법의 개정이 국민과 국회의 반대로 어려워지자 부처의 훈령을 통해 호텔건립을 허용하려는 사회적 합의를 무시한 불법적 행위이다. 그것도 학교주변 호텔건립에 대해 반대의견을 표명하였던 황우여 교육부 장관이 취임하기 3일전에 훈령을 입법예고한 점도 적절치 못하다.

인근 3개 학교로 인해 송현동 호텔건립이 불허되고 있는 상황에서, 심의규정 제정은 노골적으로 대한항공의 송현동 호텔건립을 허용하겠다는 것이며, 박근혜 대통령의 의지를 반영한 특혜법이다. 박근혜 대통령은 학교주변 호텔건립에 걸림돌이 되는 제도를 '암덩어리'로 규정한바 있다. 기업의 민원해결을 위해 경복궁과 북촌으로 연결되는 중요한 역사적 장소이자 미래세대의 주인인 학생들이 생활하는 곳에 대형 호텔을 건립하겠다는 것은, 그들의 교육과 문화에 대한 인식이 얼마나 천박한지 극명히 드러내는 것이다. 정부가 초법적인 행태를 일삼는 것은 국가의 미래를 위한 정부인지, 재벌 대기업들의 미래를 위한 정부인지 의구심이 들 수밖에 없다.

이에 우리는 교육부의 심의규정 제정안을 '대한항공 특혜법', '학습환경 파괴법'으로 규정하며, 즉각적인 철회를 요구한다. 교육부는 지켜야 할 가치와 지켜야 할 문화가 있음을 가슴깊이 새겨야 할 것이다. 우리나라 미래의 희망인 학생들의 교육환경을 지켜주기 위한 착한 규정들을 부정하고, 준엄한 사법부의 결정과 지자체의 행정조치들을 모두 무시하면서까지 편법적 추진을 강행할 경우 시민들의 반발과 불신을 받게 될 것임을 명심해야 할 것이다. 이미 정부의 학교주변 호텔건립 명분인 호텔부족과 교용창출효과는 거짓임이 드러났다. 우리는 박근혜 정부가 있는 자, 가진 자를 위해 학교주변 호텔건립을 강행하는 것을 강력하게 비판하며, 시민과 함께 막아낼 것이다.

우리는 교육부의 훈령제정 철회를 강력히 요구하며, 정부가 국민을 위한 정부로 거듭나기를 희망한다.

2014. 8. 25

송현동 호텔건립반대 시민모임

경실련 도시개혁센터, 문화연대, 도시연대, 참교육학부모회, 북촌을 아끼는 사람들, 서촌주거공간연구회, 서울KYC, 녹색연합, 인간도시컨센서스

경복궁 옆에 7성급 호텔을 만든다고요?

여우고개 출판사는 반대합니다!

100년간 우리나라 사람은 발도 딛지 못한 그 땅에요?

아래 왼쪽 사진 속 숲은 예전 주한 미국 대사관 직원 숙소 땅입니다. 광화문에서 창덕궁 쪽으로 큰길을 따라 걷다 보면 길가에 높은 돌담이 길게 이어진 것을 볼 수 있죠? 그 안쪽엔 탄성이 저절로 나오는 아름답고 울창한 숲이 있었습니다. '서울 땅에 이런 숲이 다 있다니!' 심지어 동네 주민도 이런 숲이었는지 몰랐을 것입니다. 학교 세 개를 합친 크기의 넓은 숲이 서울 한복판에 있다는 것은 직접 보지 않는다면 도저히 믿을 수 없지요. 그런데 이 숲, 지금은 없습니다.

이 동네 이름이 송현동(松峴洞)입니다. 궁궐 옆이라 조선 왕조 때는 외척과 세도가 들이 살던 땅입니다. 그런데 이 땅을 일제 강점기 때는 조선식산은행이, 해방 후에는 주한 미국 대사관이 차지해 직원 숙소로 썼습니다. 그 이후 주변에 건물이 높게 들어서자 미국 대사관은 보안 문제로 직원 숙소를 이전했지요. 이 땅은 2000년에 삼성그룹이 1,400억 원에 매입해 리움박물관과 같은 '복합 문화 시설'을 지으려다 포기하고, 2008년에 대한항공이 속한 한진그룹에 매입가의 곱절쯤 되는 가격으로 넘겼습니다. 그러니 송현동 이 땅은 일제 강점기부터 지금까지 거의 100년 가까이 우리나라 사람은 발도 딛지 못한 굴곡의 땅이기도 하지요.

학교 옆에 호텔이라니……

이 땅을 사들인 대한항공은 세계 최고급인 7성급 호텔을 세운다고 합니다. 시민의 삶과는 무관한 외국 귀빈과 국내 VVIP만 사용하는 초호화 숙박업소입니다. 그런데 100년 만에 우리에게 돌아온 이곳은 어떤 땅인가요? 조선 시대부터 근대에 걸친 유적지일 뿐 아니라 주변에 덕성여자중학교, 덕성여자고등학교, 풍문여자고등학교가 둘러싸고 있어서 현행법에 따라 호텔을 지을 수 없는 땅입니다. 오래도록 보존해야 하는 이 아름다운 숲의 존재가 불편했을까요? 대한항공은 이 울창한 숲을 베어냈습니다. 그래서 위 오른쪽 사진과 같이 되었습니다.

학교보건법에 따르면 호텔 건축은 학교 경계선 200미터 이내에 허가할 수 없으며, 더욱이 50미터 이내에는 절대로 지을 수 없습니다. 그런데 이웃 세 학교 가운데 덕성여자중학교는 송현동 빈터와 아예 담장을 같이 쓰고 있으며, 풍문여자고등학교와 덕성여자고등학교는 단지 골목길만 사이에 두고 있지요. 대한항공은 호텔 건축을 강행하고자 중부교육지원청을 상대로 행정 소송을 냈습니다. 적반하장격인 이 소송을 대법원까지 밀어붙였지만 2012년 6월, 당연히 패소했습니다.

그런데 지금, 대한항공은 재판 결과엔 아랑곳하지 않고 다시 호텔 건축을 추진하고 있습니다. 10대 재벌 중 하나인 한진그룹은 이제 교육법까지 바꿔 호텔을 짓겠다는 것입니다. 중부교육지원청, 대법원, 종로구청, 서울시는 학교보건법을 방패로 경제 활성화, 고용 창출이라는 명분을 내세운 대기업의 압박으로부터 이 땅을 지켜냈습니다. 그런데 경제 권력이 자신들의 이권에 맞춰 학생들의 학습권마저 결정하려고 합니다.

복합 문화 시설이라면서 왜 호텔이어야 하나요?

대한항공에 묻습니다. 대한항공은 숙박 시설을 짓는 게 아니라 숙박 시설이 있는 복합 문화 시설을 세우는 것이라고 합니다. 복합 문화 시설이라고 한다면 왜 호텔이어야 하나요? 송현동의 문화와 역사를 지키기 위해선 7성급 호텔보다 박물관과 공원이 더 필요하지 않나요?

더군다나 송현동은 한국 전통문화를 대표하는 인사동과 북촌을 연결하는 요지에 있습니다. 지금까지 북촌을 가기 위해서는 이 땅에 둘러친 높은 담을 따라 한참을 돌아가야만 했습니다. 마치 기차도 찻길도 용산 미군 기지 외곽으로 돌아가듯이 말이죠. 우리의 옛것이 살아 있는 경복궁, 인사동, 북촌을 자유자재로 오가면서도 잠시 쉬어 갈 수 있는 아름다운 공원이 있다면 얼마나 좋겠습니까? 한국의 전통문화를 알리는 아담한 박물관이라도 하나 있으면, 외국인들까지도 즐길 수 있는 복합 문화 공간이 될 것입니다. 이런 것이 진정한 창조 경제 아닐까요?

게다가 이 문제는 단지 송현동만의 문제가 아닙니다. 여기서 빗장이 풀리면 전국 학교 주변 곳곳마다 호텔이 세워질 것입니다. 그러면 우리 아이들의 학습권을 누가 보장해주나요? 만약 이 땅에 호텔이 들어서면 법마저 무시했다는 영예롭지 않은 명패를 다는 셈입니다. 그러나 한 기업의 이익이 아닌 우리 국민 모두를 위해 결단을 내린다면, 그 아름다운 공간을 마련한 영예는 한진그룹의 몫이 될 것입니다.

우리도 이런 전직 대통령을 그려봅니다

박근혜 대통령은 취임 초부터 "관광진흥법 개정안이 통과되면 이곳에 호텔도 지을 수 있고, 2조 원에 달하는 투자 효과도 있다"며 호텔 건립을 지지했습니다. 그런데 우리가 설령 2조 원의 이득을 볼 수 있다고 해도 이 땅에 호텔을 짓는 것이 과연 누구에게 이득일까요? 곳곳에 크고 작은 공원이 있는 강남과는 달리 600년 고도임에도 불구하고 높은 빌딩만 가득한 4대문 안에 이런 공간을 마련하려면 얼마나 많은 비용이 들까요? 종로 피맛골을 개발하는 과정에서, 동대문역사문화공원을 만드는 과정에서 반복했던 실수를 또 한 번 반복하는 것이 과연 경제적일까요?

대통령께서도 몇 년 후면 퇴임하십니다. 또 머잖아 할머니도 되시고요. 퇴임 후에 단풍이 곱게 물든 어느 가을날, 송현동 공원 벤치에 앉아 있는 박근혜 할머니를 볼 수 있다면 얼마나 정겨울까요? 유치원 아이들이 재잘거리는 것을 보며 손을 흔들고, 숲 속 길에서 이웃 학교 여고생들과 인사하는 전 대통령 할머니를 꿈꾸는 것은 아직 너무 이를까요? 핀란드 법무부 장관, 외무부 장관, 국무총리를 거쳐 대통령을 두 번 연임한 타르야 카리나 할로넨 전 대통령이 보자기 쇼핑백을 들고 홀로 장을 보는 모습이 인터넷에 화제가 된 적이 있습니다. 우리도 이런 전직 대통령을 마음속에 그려봅니다.

혜택은 모든 국민과 그 후손에게 돌아옵니다

송현동 숲 다시 살려낸다면, VVIP만을 위한 화려한 건물과 비싼 정원수 대신 소박하지만 무성한 숲이 있는 공원이 생깁니다. 소위 귀빈들이 쓰고 가는 돈보다 돈으로는 헤아릴 수 없는 시민의 행복을 지키는 것이 온 국민에게 남는 장사가 아닐까요? 이 글을 읽는 여러분도 주말에 고궁 나들이를 나갔다가 송현동 공원에 들러 잠시 쉬고 싶지 않으세요? 대한항공은 이 땅에 호텔을 지을 것이 아니라, 역사-자연 공원을 만들어 시민에게 돌려주어야 합니다. 서울시와 정부는 이 땅을 매입해 환경 친화적이면서도 문화를 지키는 공원과 박물관으로 만들어야 합니다. 우리 모두 힘을 모아 송현동 숲을 다시 살려냅시다. 숲이 살아나면 특정 기업의 이익이 아니라 모든 국민과 후손에게 혜택이 돌아옵니다.

글 여우고개 | 그림 원혜진 | 사진제공 안재홍

___참고자료 6 (여우고개 출판사 한겨레신문 의견 전면광고 _2014년 4월 15일)

경복궁 옆에 7성급 호텔을 만든다고요?
여우고개 출판사는 반대합니다!

100년간 우리나라 사람은 발도 딛지 못한 그 땅에요?

아래 왼쪽 사진 속 숲은 예전 주한 미국 대사관 직원 숙소 땅입니다. 광화문에서 창덕궁 쪽으로 큰길을 따라 걷다 보면 길가에 높은 돌담이 길게 이어진 것을 볼 수 있죠? 그 안쪽엔 탄성이 저절로 나오는 아름답고 울창한 숲이 있었습니다. '서울 땅에 이런 숲이 다 있다니!' 심지어 동네 주민도 이런 숲이었는지 몰랐을 것입니다.

학교 세 개를 합친 크기의 넓은 숲이 서울 한복판에 있다는 것은 직접 보지 않는다면 도저히 믿을 수 없지요.

그런데 이 숲, 지금은 없습니다.

이 동네 이름이 송현동(松峴洞)입니다. 궁궐 옆이라 조선 왕조 때는 외척과 세도가 들이 살던 땅입니다. 그런데 이 땅을 일제 강점기 때는 조선식산은행이, 해방 후에는 주한 미국 대사관이 차지해 직원 숙소로 썼습니다. 그 이후 주변에 건물이 높게 들어서자 미국 대사관은 보안 문제로 직원 숙소를 이전했지요. 이 땅은 2000년에 삼성그룹이 1,400억 원에 매입해 리움박물관과 같은 '복합 문화 시설'을 지으려다 포기하고, 2008년에 대한항공이 속한 한진그룹에 매입가의 곱절쯤 되는 가격으로 넘겼습니다.

그러니 송현동 이 땅은 일제 강점기부터 지금까지 거의 100년 가까이 우리나라 사람은 발도 딛지 못한 굴곡의 땅이기도 하지요.

학교 옆에 호텔이라니……

이 땅을 사들인 대한항공은 세계 최고급인 7성급 호텔을 세운다고 합니다. 시민의 삶과는 무관한 외국 귀빈과 국내 VVIP만 사용하는 초호화 숙박업소입니다. 그런데 100년 만에 우리에게 돌아온 이곳은 어떤 땅인가요? 조선 시대부터 근대에 걸친 유적지일 뿐 아니라 주변에 덕성여자중학교, 덕성여자고등학교, 풍문여자고등학교가 둘러싸고 있어서 현행법에 따라 호텔을 지을 수 없는 땅입니다. 오래도록 보존해야 하는 이 아름다운 숲의 존재가 불편했을까요? 대한항공은 이 울창한 숲을 베어냈습니다. 그래서 위 오른쪽 사진과 같이 되었습니다.

학교보건법에 따르면 호텔 건축은 학교 경계선 200미터 이내에 허가할 수 없으며, 더욱이 50미터 이내에는 절대로 지을 수 없습니다. 그런데 이웃 세 학교 가운데 덕성여자중학교는 송현동 빈터와 아예 담장을 같이 쓰고 있으며, 풍문여자고등학교와 덕성여자고등학교는 단지 골목길만 사이에 두고 있지요. 대한항공은 호텔 건축을 강행하고자 중부교육지원청을 상대로 행정 소송을 냈습니다. 적반하장격인 이 소송을 대법원까지 밀어 붙였지만 2012년 6월, 당연히 패소했습니다.

그런데 지금, 대한항공은 재판 결과엔 아랑곳하지 않고 다시 호텔 건축을 추진하고 있습니다. 10대 재벌 중 하나인 한진그룹은 이제 교육법까지 바꿔 호텔을 짓겠다는 것입니다. 중부교육지원청, 대법원, 종로구청, 서울시는 학교보건법을 방패로 경제 활성화, 고용 창출이라는 명분을 내세운 대기업의 압박으로부터 이 땅을 지켜냈습니다. 그런데 경제 권력이 자신들의 이권에 맞춰 학생들의 학습권마저 결정하려고 합니다.

복합 문화 시설이라면서 왜 호텔이어야 하나요?

대한항공에 묻습니다. 대한항공은 숙박 시설을 짓는 게 아니라 숙박 시설이 있는 복합 문화 시설을 세우는 것이라고 합니다. 복합 문화 시설이라고 한다면 왜 호텔이어야 하나요? 송현동의 문화와 역사를 지키기 위해선 7성급 호텔보다 박물관과 공원이 더 필요하지 않나요?

더군다나 송현동은 한국 전통문화를 대표하는 인사동과 북촌을 연결하는 요지에 있습니다. 지금까지 북촌을 가기 위해서는 이 땅에 둘러친 높은 담을 따라 한참을 돌아 가야만 했습니다. 마치 기차도 찻길도 용산 미군 기지 외곽으로 돌아가듯이 말이죠. 우리의 옛것이 살아 있는 경복궁, 인사동, 북촌을 자유자재로 오가면서도 잠시 쉬어 갈 수 있는 아름다운 공원이 있다면 얼마나 좋겠습니까? 한국의 전통문화를 알리는 아담한 박물관이라도 하나 있으면, 외국인들까지도 즐길 수 있는 복합 문화 공간이 될 것입니다. 이런 것이 진정한 창조 경제 아닐까요?

게다가 이 문제는 단지 송현동만의 문제가 아닙니다. 여기서 빗장이 풀리면 전국 학교 주변 곳곳마다 호텔이 세워질 것입니다. 그러면 우리 아이들의 학습권을 누가 보장해주나요? 만약 이 땅에 호텔이 들어서면 법마저 무시했다는 영예롭지 않은 명패를 다는 셈입니다. 그러나 한 기업의 이익이 아닌 우리 국민 모두를 위해 결단을 내린다면, 그 아름다운 공간을 마련한 영예는 한진그룹의 몫이 될 것입니다.

우리도 이런 전직 대통령을 그려봅니다

박근혜 대통령은 취임 초부터 "관광진흥법 개정안이 통과되면 이곳에 호텔도 지을 수 있고, 2조 원에 달하는 투자 효과도 있다"며 호텔 건립을 지지했습니다. 그런데 우리가 설령 2조 원의 이득을 볼 수 있다고 해도 이 땅에 호텔을 짓는 것이 과연 누구에게 이득일까요? 곳곳에 크고 작은 공원이 있는 강남과는 달리 600년 고도임에도 불구하고 높은 빌딩만 가득한 4대문 안에 이런 공간을 마련하려면 얼마나 많은 비용이 들까요? 종로 피맛골을 개발하는 과정에서, 동대문역사문화공원을 만드는 과정에서 반복했던 실수를 또 한 번 반복하는 것이 과연 경제적일까요?

대통령께서도 몇 년 후면 퇴임하십니다. 또 머잖아 할머니도 되시고요. 퇴임 후에 단풍이 곱게 물든 어느 가을날, 송현동 공원 벤치에 앉아 있는 박근혜 할머니를 볼 수 있다면 얼마나 정겨울까요? 유치원 아이들이 재잘거리는 것을 보며 손을 흔들고, 숲속 길에서 이웃 학교 여고생들과 인사하는 전 대통령 할머니를 꿈꾸는 것은 아직 너무

이를까요? 핀란드 법무부 장관, 외무부 장관, 국무총리를 거쳐 대통령을 두 번 연임한 타르야 카리나 할로넨 전 대통령이 보자기 쇼핑백을 들고 홀로 장을 보는 모습이 인터넷에 화제가 된 적이 있습니다. 우리도 이런 전직 대통령을 마음속에 그려봅니다.

혜택은 모든 국민과 그 후손에게 돌아옵니다

송현동 숲 다시 살려낸다면, VVIP만을 위한 화려한 건물과 비싼 정원수 대신 소박하지만 무성한 숲이 있는 공원이 생깁니다. 소위 귀빈들이 쓰고 가는 돈보다 돈으로는 헤아릴 수 없는 시민의 행복을 지키는 것이 온 국민에게 남는 장사가 아닐까요? 이 글을 읽는 여러분도 주말에 고궁 나들이를 나갔다가 송현동 공원에 들러 잠시 쉬고 싶지 않으세요? 대한항공은 이 땅에 호텔을 지을 것이 아니라, 역사-자연 공원을 만들어 시민에게 돌려주어야 합니다. 서울시와 정부는 이 땅을 매입해 환경 친화적이면서도 문화를 지키는 공원과 박물관으로 만들어야 합니다. 우리 모두 힘을 모아 송현동 숲을 다시 살려냅시다. 숲이 살아나면 특정 기업의 이익이 아니라 모든 국민과 후손에게 혜택이 돌아옵니다.

__참고자료 7

대한민국 정부 및 미국 정부간의 재정 및 재산에 관한 최초협정

Initial Financial and Property Settlement Agreement
between the Government of the Republic of Korea and the Government of the United States of America

[발효일 1948.9.20] [미국, 제1호, 1949.1.19]

대한민국정부 급 미국정부는 대한민국대통령이 재한미국육군사령관에게 발송한 1948년8월9일의 통첩 급 재한미국육군사령관이 대한민국대통령에게 발송한 1948년8월11일의 통첩에 감하여, 또는 대한민국정부 급 미국정부간에 재정 급 재산에 관한 최초협정의 체결을 요함에 감하여 하기 서명인은 해 목적으로 각자 정부가 부여한 권한에 의하여 좌와 여히 협정함.

제1조

미국정부는 좌기 재산에 대하여 미국이 보유하였던 일절의 권리 명의 급 이익을 자에 대한민국정부에 이양함.

우에 좌기 재산이라함은 지방세무서 부동산태장 급 도면 또는 법원부동산등기부에 국유재산으로 기재된 바 재조선미군정청 급 남조선과도정부의 일절 재산, 해재산에 가한 일절의 개량 일절의 현금 급 은행예금, 또는 현재까지 미국정부가 한국경제에 제공한 일절의 구조물자 급 재건물자를 포함하여, 남조선과도정부각부처 급 대행기관이 보유한 일절의 설비, 물자 급 기타 재산을 지칭함.

미국정부가 조선국방경비대, 경찰 又는 해안경비대에 제공한 군용재산은 시시로 미국정부가 재한미국대표에게 이양권을 부여하는데로 차를 대한민국정부에 이양함.

여사한 군용재산의 이양은 미국국무성 해외물자청산위원회를 통하여 차를 행하며 차 이양은 미국국무성해외물자청산위원회 급 대한민국정부간에 체결된 별도의 협정에 의하여 차를 행함.

대한민국정부는 재한미국육군이 철퇴기간중에 사용할 목적으로 보유하거나, 우는 관리하는 재산은 해 철퇴기간중 미국정부로 하여금 차를 사용하게 하며 미국정부에 부담없이 차를 보존할 것을 협약함.

대한민국정부는 부록 갑에 특기한 재산을 미국정부로 하여금 임시로 무상차용하게 할 것을 협약하며, 동시에 대한민국정부는 해 재산의 수선 급 보존에 요하는 일절비용을 한국통화로 부담할 것을 협약함.

대한민국정부는 남조선과도정부가 조선은행에서 인출한 당좌대월금에 대한 일절책임, 재조선미군정청, 그 대행기관 급 남조선과도정부가 보증한 대부하의 채무, 또는 재조선미군정청 급 남조선과도정부가 부담한 기타 일절의 채무를, 현재 급 미래의 일절 소청건에 대한 책임까지 포함하여, 자에 미국정부로부터 인수하며 미국정부로하여금 그 책임을 면케 함.

본항은 대한민국정부 급 미국정부간에, 대한민국정부의 원조에 관한 협정이 유효하게 될 때까지 차를 시행함.

현재 재고중인 구조재건물자 우는 금후 수취할 구조재건물자를 미국정부가 대한민국정부에 이양하는 범위내에서 여사한 이양은 점차로 질서있게 차를 행하며, 대한민국정부는 미국공급물자의 접수, 할당, 배급 우 회계에 대한 책임을 인수함.

재조선미군정청 우는 남조선과도정부가 불하한 구조재건물자의 원화순매상금 급 수취계정은 차를 대한민국정부에 이양함.

대한민국정부는 여사한 매상금을 조선은행의 특별당좌에 대한민국정부명의로 예금하기로 협약함.

대한민국정부는 미국정부가 대한민국정부에 이양한 구조재건물자 우는 금후에 이양할 구조재건물자의 일절불하에 의한 매상금을 본 특별당좌에 예금하기로 협약함.

해당좌에서의 지출은, 대한민국정부 우는 재한미국최고대표간에 동의한 목적을 위한 경우에 한함.

미국무성해외물자청산위원회에서, 과잉재산으로 인정하여, 현재까지 한국경제에 제공한 재산의 불하에 의한 한국원화 순매상금 급 수취계정은 자에 차를 대한민국정부에 이양함.

제2조

미국정부는 1945년9월9일부터 본협정 유효기간까지의 기간에, 한국민간경제를 위하여, 일본으로부터 수입한 일절의 물자와 해기간중 일본에 수출한 한국물자와의 차액에 관하여 청산을 완료할 것을 협약함.

제3조

미국정부는 1945년8월9일 이후 독일 우는 독일인, 독일회사, 조합, 협회 우는 기타 독일단체가, 직접 우는 간접으로, 전체적 우는 부분적으로 소유 우는 관리하였던 재한국재산을 자에 미국정부 관하로부터 대한민국정부 관하로 이관함.

대한민국정부는 미국이 불란서공화국 급 영국과 협의하여 결정하는데로, 재한국 독일재산의 이관을 촉진하기에 필요한 일절 수단을 취할 것을 협약함.

제4조

미국정부는 재조선 미군정청이 현재 소유보관하고 있는 조선환금은행주식을 해은행의 전자산 급 채무와 함께, 자에 대한민국정부에 양도함.

미국정부는 현재해은행에 남조선과도정부의 채권이 되어있는 외국환금의 순차인잔고를 자에 대한민국정부에 이양함.

단, 해금액은 재한미국정부 최고대표와 협의하여 동의한 후에야, 차를 할당 우는 사용함을 득함.

현행외국환금관리는, 대한민국정부 급 미국정부간에 다시 협정이 있을 때까지 차를 대한민국정부가 담당함.

제5조

대한민국정부는, 재조선미군정청 법령 제33호에 의하여 귀속된 전 일본인 공유 우는 사유재산에 대하여, 재조선미군정청이 이미 행한 처분을 승인하고 비준함.

본협정 제1조 급 제9조에 의하여 미국정부가 취득 우는 사용할 재산에 관한 보류건을 제외하고는, 현재까지 불하치 않은 귀속재산, 귀속재산의 임대차 급 불하에 의한 순수입금의 소비되지 않은 금액은, 일절의 수취계정 급 매매계약과 함께, 차를 좌와 여히 대한민국정부에 이양함.

(가) 일절의 현금, 은행예금 우는 기타유동재산은 자에, 본협정유효기일부로 차를 이

양함.

(나) 기타일절의 이양할 귀속재산, 일절의 입수가능한 재산목록, 도면, 증서 우는 기타 소유증은 대차대조표, 운영명세표 급 기타 귀속재산에 관한 재정기록에 의하여 확증되는데로 질서 있는 이양이 가능한한, 가급적 속히, 차를 대한민국정부에 점차로 이양함. 대한민국정부는 한국국민의 복리를 위하여 좌기 재산을 접수 급 관리할 별개의 정부기관을 설치하기로 협약함.

우에 좌기 재산이라 함은 법령 제33호에 의하여 현재까지 귀속되어, 본조 규정하에 대한민국정부에 이양되는 재산 또는 금후에 이양될 재산을 지칭함.

대한민국정부는 일본과 대전한 국가의 국민이, 본조에 의하여 대한민국 정부에 이양된 한국내 전 일본인 재산상에 유하는 직접 우는 간접의 권리 급 이익을 존중, 보전 급 보호하되, 단 여사한 권리 급 이익은 법령 제33호 유효기일 전에 선의이전에 의하여 합법적으로 취득된 것임을 요함. 대한민국정부는, 본조에 언급한 재산의 귀속, 관리 급 처분에 관하여 발생한, 일절의 현재 급 미래의 청구권에 대한 책임을 포함하여, 차에 인한 일절의 책임을 자에 미국으로부터 인수하며, 미국은 그 책임을 면함.

제6조

전시규정하에 일본정부가 압수, 몰수, 우는 가차압한 재한국연합국 국민재산 급 일본정부가 적산으로 취급한 기타인의 재한국 재산으로서, 제5조 규정하에 대한민국정부에 이양되는 재산은, 정당한 소유자가 적당한 기간내에 반환을 청구하므로 해소유자에게 반환할 시까지 대한민국정부가 차를 보호 급 보존함.

대한민국정부는 소유자 급 대한민국정부간의 상호협정에 의하여, 별도 처리를 정치않은 한, 소유자를 증명할 수 있는 일절의 재산을 반환하기로 공약함.

대한민국정부는 재조선미군정청이 수립한 정책을 계승하여 명기 재산이 해소유자의 관리하에 있지 아니한 기간중에, 해재산에 발생한 손해 우는 상실에 대한 배상을 소유자에게 지불할 것을 공약하되, 그 범위는 일본제국정부, 그 대행기관 우는 그 국민이 전쟁목적으로 압수, 몰수, 우는 가차압한 한인재산에 발생한 손해 우는 상실에 대하여, 대한민국정부가 지불하는 배상과 동정도임을 요함.

대한민국정부는 본협정 유효기일전, 본조에 언급한 재산의 행정에 의하여 발생한 일절청구권에 대한 책임을 미국정부로부터 자에 인수하며, 미국정부는 그 책임을 면함.

제7조

대한민국 급 미국정부는, 1945년9월9일부터, 본협정 유효기일까지에 한국경제를 위하여 제공된 전력에 대하여, 재한국 소련당국에게 지불할 미불채무의 만족한 청산을 주선함에 있어서, 협력할 것을 협약함.

미국정부는, 언제나 미불채무의 공정한 대가에 관하여 소련 급 미국당국의 대표자간에 합의가 성립되면 해 채무를 청산하기로 협약함.

제8조

미국정부는, 1945년9월9일부터 1948년6월30일까지의 기간중 한국경제로부터 재조선미국육군에 제공한 일절의 물자, 봉사 급 설비에 대하여, 공정한 미화대가를 재조선미군정청을 통하여 한국에 변상하였고, 해기간중, 재조선미국육군이 한국에 주둔한 결과로 대한민국정부, 그 국민 우는 기타 개인 급 단체가, 미국정부, 그 직원 우는 대행기관을 상대로 제기한 우는 금후에 제기할 각종각양의 청구권에 대하여, 공정한 미화대가를 재조선미군정청을 통하여 한국에 변상하였음.

대한민국정부는, 전기 기간중 재조선미국육군이 사용하거나 우는 제공받은 일절의 물자 급 봉사에 대하여 또는 1945년9월9일부터 1948년6월30일까지의 기간중 미국육군이 한국에 주둔한 결과로 대한민국정부, 그 대행기관, 그 국민, 우는 기타 개인 급 단체가 미국정부, 그 직원, 우는 대행기관을 상대로 제기한 우는 금후에 제기할 각종각양의 소송건에 대하여, 전기 지불이 완전 차 충족한 최종 청산을 구성한 것으로 협약함.

대한민국정부는 1948년7월1일전의 기한중, 재조선미국육군이 한국에 주둔한 결과로 발생하는 각종각양의 청구권에 대한 책임을 미국정부, 그 직원, 대행기관, 국민 우는 기타 개인 급 단체로부터 인수하여 후자로 하여금, 그 책임을 면케할 것을 협약함.

대한민국정부는, 한국에 대한 전기지불이 수행된 것을 규정한 협정을 자에 승인 차 비준함. 대한민국정부는 '재조선미군정청운용자금'이라 칭하는 조선은행대월당좌에서 사용한 자금에 대하여, 일절채무를 미국정부로부터 인수하여, 미국정부로하여금 그 책임을 면케 함.

대한민국정부는, 재한미국육군사령관이 현재 '재조선미군정청운용자금기이'라 칭하는 조선은행대월당좌에서 원화를 계속인출할 것을 협약하며, 동시에 미국정부는 한국경제로부터 취득한 일절의 물자 급 봉사 또는 해당좌에서 인출한 원화에 대하여 공정한 미화대가를 미화 又는 기타 미국재물로써 지불하기로 자에 협약함.

제9조

(가) 대한민국정부는 미국정부가 미국국무성해외물자청산위원회 급 재조선미군정청을 통하여 현재까지 한국경제에 제공한 재산 급 해재산의 불하에 의한 원화순매상금을 받았음으로, 차에 대하여 해재산의 공정한 대가를, 본조에 규정한 방법에 의하여, 미국정부에 지불하기로 협약하되 해금액은, 2천5백만불의 해당액을 초과치 아니함.

단 차금액은 재조선미군정청에 해재산을 이전한 해외물자청산위원회의 기록에 표시된 바와 여함.

해재산의 공정한 대가총액의 미불차액에 대하여는, 1948년7월1일부터 년 2-3/8분의 이율로써 이식을 계산하고 매년 7월1일에 차를 한국통화로 지불할 것이며, 제1차지불기일은 1949년7월1일로 정함.

(나) 미군정부가 지정한 기일에, 그 지정한 금액으로써, 대한민국정부는 본조에 규정한 채무중에서, 당시만기된 차액의 전부 우는 일부와, 만기된 미불이식을, 한국통화로 지불하되, 본조 (라)항규정에 의한 재산의 대가를 감하며 미국정부는 해채무중에 수취할 차액을 해통화의 미화해당액으로써 대방에 기입함.

미국정부가 우와 여히 수취한 통화일절은 본조 (다)항 규정에 의하여 차를 사용함.

(다) 대한민국정부 급 미국정부는 좌와 여히 협약함.

본조 (나)항에 의하여 미국정부가 수취할 한국통화 급 본조가 (가)항에 규정한 이식으로 미국정부가 수취할 한국통화는 한국내에서 차를 사용할 것이며, 미국정부의 한국내비용일절의 지불에 차를 사용함을 득함. 단, 기비용은 좌에 대한 비용을 포함함.

(1) 양정부가 상호 협정할 교육안 (2) 동산 우는 부동산, 유체 우는 무체임을 막론하고 미국정부가 관심을 가진 재한국재산 급 그 첨부물의 취득.

해재산은 최초에, 본협정의 보충에 열거한 재산을 포함함.

(라) 대한민국정부는, 본조 조건하에 미국정부가 상호협정으로써 취득할 수 있는 재산의 소유권을 미국정부의 요구에 응하여 양도함.

여사한 재산의 소유권을 대한민국정부가 미국정부에 양도한 시에는 미국정부는 해재산에 대하여 협정한 공정불화가격을 본조에 의한 대한민국정부의 채권으로 계산함.

(마) 양정부간의 특별협정에 의한 별도규정이 없는 한, 미국정부가 대한민국정부에게 본조 (나)항 급 (라)항에 규정한대로, 한국통화에 의한 지불 우는 재한국재산의 소유권 양도를 요구하는 경우에, 이상 양자의 총액은 7월1일 시작하는 단일 회계연도에 있어서 5백만불의 해당액 급 본조 (가)항에 규정한 만기미불이식을 초과하지 못함.

(바) 본협정조건하에 대한민국정부가 인수한 불화채무에 해당하는 원액은, 대한민국 정부 급 미국정부간의 상호협정에 의하여 차를 계산하되 그 계산은 매지불직전에 차를 행함.

경과여하를 불문하고, 원화해당액은 매지불행위 당시에 제3자가 합법적으로 이용할 수 있는 환전율에 대비하여, 미국정부에 불리하도록 계산치 못함.

제10조

대한민국정부는 본협정조건하에 미국정부가 제공한 기구, 물자, 급 기타재산이 재수출 우는 전환을 허치 않기로 玆에 협약함.

단, 미국정부의 정당한 대표가 여사한 재수출 우는 전환을 인준한 경우에는 차한에 부재함.

제11조

대한민국정부는 재조선미군정청 또는 남조선과도정부의 일절의 현행 법률, 법령 급 규칙을 전적으로 계속 시행할 것을 협약함.

단, 대한민국정부가 차를 폐지 우는 개정하는 시는 차한에 부재함.

제12조

상호간에 만족할 수 있는 친선조약 급 통상조약에 관한 교섭이 있을 때까지 한국에서 현재 합법적으로 향유하는 연합국국민 급 회사의 권리 급 특전은 차를 존중하고 확인할 것을 협약함.

제13조

본협정조건하에 대한민국정부에 이양되는 회계, 재산 급 운영설비의 행정적 관리는 본협정 유효기일부터 30일 이내에 우는 대한민국정부가 여사한 운영 급 책임을 인수할 준비가 되는대로, 가급적 속히 차를 대한민국정부당국에 점차로 질서있게 이양함.

단, 귀속재산 급 구조재건물자의 행정적관리는, 본협정 유효기일부터 90일이내에 우는 대한민국정부가 여사한 운영 급 책임을 인수할 준비가 되는대로 가급적 속히 차를 이양함.

제14조

재한미국육군이 한국에서 철퇴할 시까지 대한민국정부 급 미국정부는 재한미국육군에 의한 특정운수, 통신, 기타 설비 급 봉사의 이용에 관하여, 재한미국육군 급 재조선미군정청 각부간에 이미 체결된 일절의 협정에 기속되며 차를 존중할 것을 협약함. 본협정은 대한민국 국회에서 본협정에 동의하였다는 것을 미국정부에 정식으로 통첩함과 동시에 발효함.

1948년9월11일 한국 서울에서 한국문 급 영문으로 본서 2통을 작성함.
한국어 본문 급 영어 본문은 동양의 효력이 유하나, 상이가 있는 경우에는 영어본문에 의함.
대한민국대표 이 범 석 장 택 상 미국대표 John J. Muccio

재정 급 재산에 관한 최초협정의 보충 북미합중국(이하 '미국'이라 약칭함) 정부 급 대한민국(이하 '한국'이라 약칭함) 정부간의 본협정은 본일부 '재정 급 재산에 관한 최초협정' 제9조의 보충이며, 한국에 제공한 과잉재산의 대상이 되는 부동산양도를 규정함.

記 한국 급 미국간의 '재정 급 재산에 관한 최초협정' 제9조에 의하면, 한국은 미국의 요구에 응하여 미국이 관심을 가지는 재한국재산의 소유권을 양도할 것이며, 우에 언급한 협정의 동조 (라)항에 의하면, 한국은 미국이 원하는 재산을 양정부간에 협정된 가격으로 양도할 것을 협약하였으며, 미국은 우에 언급한 협정의 조건하에 양수키 원하는 재산을 이미 선택하였으므로 玆에 좌와 여히 협정함.

(1) 한국은, 본협정 유효기일부터 60일전후에 좌기 재산을, 좌기 가격으로 미국에 양도함.

가격은 인정된 평정관 3인이 차를 결정하여 불화로 명시함.

평정관은 한국이 지명한 1인, 미국이 지명한 1인 급 양평정관이 최초에 선정한 위원장으로 구성됨.

재산은 좌기 재산을 포함하나 차에 국한되지 아니함.

(가) 미군가족주택 제10호 급 대지 정동 1의 39 1362평.

(나) 로서아인가옥 제1호 정동 1의 39 720평.

(다) 현재 미국영사관 서편공지 정동 1의 9 1414평.

(라) 현재 미국영사관 남편공지 서울구락부재산에 이르기까지 현재 미국영사관 곁으로 통한 도로의 일부 정동 8의 1, 8의 3, 8의 4, 8의 5, 8의 6, 8의 7, 8의 8, 8의 9, 8의 10, 급 8의 1753, 540평.

(마) 미군가족주택 제10호 급 로서아인가옥 제1호 정동편에 있는 3각지형대지 급 기대지상에 있는 창고 1동 가옥 3동 급 기타 건물 서대문구 정동 1의 39 1, 675평.

(바) 전군정청 제2지구전부 급 기대지상에 있는, 약 43동의 가옥 급 기타 건물 차는, 차지역에 있는 식산은행 소유재산 전부를 포함함.

송현동 49의 1 전부.사간동의 96, 97의 2, 98, 99, 102, 103의 1, 104의 1, 급 104의 2, 급

기대지상의 기타 건물 약 9, 915평.

(사) 반도호텔 급 기동편에 연접한 주차장 종로구 을지로 180의 2 1, 944평 우중거로서, 하기 서명인은 각자정부가 부여한 권하에 의하여 1948년9월11일 한국 서울에서 한국문 급 영문으로 본협정에 서명함.

한국어 본문 급 영어 본문은 동양의 효력이 유하나, 상이가 있는 경우에는 영어 본문에 의함.

대한민국대표 이 범 석 장 택 상 미 국 대 표 John J. Muiccio

부록

(갑) 대한민국정부가 미국정부로 하여금 임시로 무상차용케 할 재산은 좌기 재산을 포함하나 차에 국한되지 않음.

(가) 군용지대 제1, 제2 급 제7호내에 있는 특정가옥 제1동 급 대지 .

(나) 각호에 산재한 미인가족주택 제9호, 제109호, 제143호, 제218호, 제221호 급 미군숙사 제5호, 제10호 급 제11호.

(다) 반도호텔 월편에 있는 삼정빌 급 대지.

(라) 미공보관 급 대지(전수도청삘딩).

(마) 제24군단 특무대지구.

(바) 남대문근처에 있는 제216보급대용 콩크리트제식고.

(사) 미군 제7사단지구(서빙고)에 있는 56동의 가옥 급 대지.

(아) 중앙청지구내에 있는 57동의 가옥.

(자) 미군숙사 제32호(국제호텔) 급 미군숙사 제24호(수도호텔).

(차) 미군숙사 제23호(내자아파트)의 3동건물.

(카) 미군숙사 제38호(프라자호텔).

(타) 영등포 미인가족주택지대 제1지구의 사용가옥 8동 급 15동의 아파트.

官報

號外 檀紀四二八二年一月十九日

大韓民國政府公報處 發行

(檀紀四二八一年十月二十七日 第三種郵便物認可)

條約

國會의同意를얻어서批准한大韓民國政府及美國政府間의財政及財產에關한最初協定을이에公布한다

大統領 李承晩 印

檀紀四千二百八十二年一月十八日

國務委員 國務總理 李範奭

條約第一號
財政及財產에關한最初協定

序文

大韓民國政府는、大韓民國大統領이在韓美國陸軍司令官에게發送한一九四八年八月九日의通牒及在韓美國陸軍司令官이、大韓民國大統領에게發送한一九四八年八月十一日의通牒에依하여、드디어大韓民國政府及美國政府間에、財政及財產에關한最初協定의締結을要함에鑑하여、下記署名人은、該目的으로各自政府가賦與한、權限에依하여、左와如히協定함。

第一條 美國政府는左記財產에對하여美國이保有하였든一切의權利、名義及利益을玆에大韓民國政府에移讓함。

右에左記財產이라함은地方稅務署不動產臺帳及圖面또는法院不動產登記簿에國有財產으로記載되며、在朝鮮美軍政廳及南朝鮮過渡政府의一切財產、該財產에加한一切의改良、一切의現金及銀行預金또는現在까지美國政府가韓國經濟에提供한一切의救助物資及再建物資를包含하여南朝鮮過渡政府各部處及代行機關이保有한一切의設備、物資及其他財產을指稱함。美國政府가朝鮮國防警備隊、警察又는海岸警備隊에提供한軍用財產은時로美國政府가在韓美國代表에게移讓權을賦與하는대로此를大韓民國政府에移讓함。

如斯한剩餘財產의移讓은、美國國務省海外物資淸算委員會를通하여此를行하며此移讓은、大韓民國政府及美國國務省海外物資淸算委員會間에締結될別個의協定에依하여此를行함。

大韓民國政府는、在韓美國陸軍이撤退期間中에使用할目的으로保留하거나、又는管理하는財產은、該撤退期間中、美國政府로하여금、此를使用하게하며美國政府에서必要할期間이此를保存할것을協約함。

大韓民國政府는附錄中에特記한財產을美國政府로하여금、臨時로無償借用하게할것을協約하며、同時에、大韓民國政府는該財產의修繕及保存에要하는一切費用을韓國通貨로負擔할것을協約함。

大韓民國政府는南朝鮮過渡政府가朝鮮銀行에서引用한當座貸越金에對한一切責任、在朝鮮美軍政廳、그代行機關及南朝鮮過渡政府가保證한貸附下의債務、또는、在朝鮮美軍政廳及南朝鮮過渡政府가負擔한其他一切의債務를、現在及未來의一切請求件에對한責任까지包含하여、玆에美國政府로부터引受하며美國政府로하여금、그責任을免케함。

本項은美國政府及大韓民國政府間에、大韓民國政府의援助에關한協定이有効하게될때까지此를施行함。

現在在庫中인救助再建物資又는今後受取할救助再建物資를美國政府가大韓民國政府에移讓하는範圍內에서如斯히移讓된物資는漸次로秩序있게此를引受하며、大韓民國政府는美國供給物資의接受、割當、配給及會計에對한責任을引受함。

在朝鮮美軍政廳、又는、南朝鮮過渡政府가拂下한救助再建物資의歸屬純賣上金及受取計定은、此를、大韓民國政府에移讓함。

大韓民國政府는如斯한純賣上金을、朝鮮銀行의特別當座에大韓民國政府名義로預金하기로協約함。

大韓民國政府는美國政府가大韓民國政府에移讓하는救助再建物資又는、今後에移讓할救助再建物資의一切拂下에依한賣上金을本特別當座에預金하기로協約함。

該當座에서의支出은大韓民國政府及在韓美國最高代表間에同意한目的을爲한境遇에限함。

美國國務省海外物資淸算委員會에서適當財產으로認定하여、現在까지韓國經濟에提供한財產의拂下에依한韓國圓貨純賣上金及受取計定은、玆에此를大韓民國政府에移讓함。

第二條 美國政府는、一九四五年九月九日부터本協定有効期日까지의期間에、韓國民間經濟를爲하여日本으로부터輸入한一切物資와該期間中日本에輸出한韓國物資와의差額에關하여淸算을完了할것을協約함。

第三條 美國政府는、一九四五年八月九日以後、獨逸、又는獨逸人、獨逸會社、組合、協會又는其他獨逸團體가、直接又는間接으로、全體的又는部分的으로、所有又는管理하여온在韓獨逸財產을玆에美國政府管下로부터大韓民國政府管下로移管함。

大韓民國政府는英國이佛蘭西共和國及美國과協議하여決定하는대로、在韓獨逸財產의移管을促進하기에必要한一切手段을取할것을協約함。

第四條 美國政府는、在朝鮮美軍政廳이現在、所有保管하고있는、朝鮮換金銀行株式을該銀行의全資產及負債와함께、玆에大韓民國政府에讓渡함。

美國政府는、現在、該銀行에南朝鮮過渡政府의債權이되어있는、外國換金의純殘高全額을大韓民國政府에移讓함。

但、該金額은在韓美國政府諸代表와協議하여同意한後에야、此를引出又는使用함을得함。

現行外國換金管理는大韓民國政府及美國政府間에다시協定이있을때까지此를大韓民國政府가擔當함。

第五條 大韓民國政府는、在朝鮮美軍政法令第三十三號에依하여歸屬된前日本人公有又는私有財產에對하여、

在朝鮮美軍政廳이、이미行한處分을承認하고、批准함。

本協定第一條及第九條에依하여、美國政府가取得又는使用할財産에關한保留條件을除外하고는、現在까지拂下치않은歸屬財産、歸屬財産의賃貸借及拂下에依한純收入金의消費되지않은金額은、一切의受取計定及賣買契約과함께、此를、左와如히大韓民國政府에移讓함。

(가) 一切의現金、銀行預金、又는其他流動財産은、玆에本協定有效期日附로此를移讓함。

(나) 其他一切의移讓할歸屬財産、一切의入手可能한財産目錄、圖面、證書又는其他所有證書、賃借對照表、證據明細書及其他歸屬財産에關한財政記錄에依하여確證되는바로、秩序있는移讓이可能한限、可及的速히此를大韓民國政府에、漸次로移讓함。

大韓民國政府는、韓國國民의福利를爲하여、左記財産을接收及管理할別個의政府機關을設置하기로協約함。右에、左記財産이라함은、法令第三十三號에依하여現在까지歸屬되어、本條規定下에大韓民國政府에移讓되는財産또는、今後에移讓될財産을指稱함。

大韓民國政府는日本과對戰한國家의國民이本條에依하여大韓民國政府에移讓될韓國內前日本人財産上에有하는直接又는間接의權利及利益을承認、保全及保護하되、但、如斯한權利及利益은法令第三十三號有效期日前에、善意移轉에依하여合法的으로取得된것임을要함。

大韓民國政府는本條에言及한財産의歸屬、管理及處分에關하여發生한一切의現在及未來의訴請에對한責任을包含하여此에附한一切의責任을玆에美國으로부터引受하며美國은그責任을免함。

第六條 戰時規定下에日本政府가押收、沒收又는假差押한在韓國聯合國國民財産及日本政府가敵産으로取扱한其他人의在韓國財産으로서第五條規定下에大韓民國政府에移讓되는財産은、正當한所有者가適當한期間內에返還을請求하므로、該所有者에게返還할時까지、大韓民國政府가此를保護及保存함。

大韓民國政府는、所有者及大韓民國政府間의相互協定에依하여、別途處理를定치않은限、所有者를證明할수있는一切의財産을返還하기로公約함。

大韓民國政府는、在朝鮮美軍政廳이樹立한政策을繼承하여、右記財産이該所有者의管理下에있지아니한期間中에該財産에發生한損害又는損失에對한賠償을所有者에게支拂할것을公約하며、그範圍는、日本帝國政府、그代行機關又는그國民이戰爭目的으로、押收、沒收、又는假差押한韓人財産에發生한損害又는損失에對하여大韓民國政府가支拂하는賠償과同程度임을要함。

大韓民國政府는、本協定有效期日前、本條에言及한財産의行政에依하여發生한一切訴請에對한責任을美國政府로부터玆에引受하며美國政府는其責任을免함。

第七條 大韓民國政府及美國政府는一九四五年九月九日부터本協定有效期日까지에韓國經濟를爲하여提供된援助에對하여、在韓國經濟當局에게支拂할未拂債務의滿足한淸算을規定한에있어서、協力할것을協約함。

美國政府는、언제나未拂債務의公正한代價에關하여、蘇聯及美國當局의代表者間에合意가成立되면、該債務를淸算하기로協約함。

第八條 美國政府는、一九四五年九月九日부터一九四八年六月三十日까지의期間中、韓國經濟로부터在朝鮮美國陸軍에提供한一切의物資、奉仕及設備에對하여公正한美貨代價를在朝鮮美軍政廳을通하여韓國에辨償하였고、該期間中在朝鮮美國陸軍이韓國에駐屯한結果로、大韓民國政府、그國民、又는其他個人及團體가、美國政府、그職員、又는代行機關을相對로、提起한、又는、今後에提起할各種各樣의訴請件에對하여、公正한美貨代價를在朝鮮美軍政廳을通하여、韓國에辨償하였음。

大韓民國政府는、前記期間中、在朝鮮美國陸軍이使用하거나、又는提供한一切의物資及奉仕에對하여、또는一九四五年九月九日부터一九四八年六月三十日까지의期間中、美國陸軍이、韓國에駐屯한結果로、大韓民國政府、그代行機關、그國民、又는其他個人及團體가、美國政府、그職員、又는代行機關을相對로提起한、又는今後에提起할各種各樣의訴請件에對하여、前記支拂이完全且充足한最終淸算을構成한것으로協約함。

大韓民國政府는、一九四八年七月一日前의期間中、在朝鮮美國陸軍이韓國에駐屯한結果로發生하는各種各樣의訴請件에對한責任을、美國政府、그職員、代行機關、國民又는其他個人及團體로부터引受하여後者를爲하여는그責任을免케할것을協約함。

大韓民國政府는、韓國에對한前記支拂이遂行된것을規定한協定을玆에承認且批准함。

大韓民國政府는『在朝鮮美軍政廳軍用資金』이라稱하는朝鮮銀行特別當座에서使用한資金에對하여、一切債務를美國政府로부터引受하여、美國政府로하여금그責任을免케함。

大韓民國政府는、在韓美國陸軍司令官이現在『在朝鮮美軍政廳運用資金其二』라稱하는朝鮮銀行特別當座에서圓貨를繼續引出할것을協約하며、同時에美國政府는、韓國經濟로부터取得한一切의物資及奉仕、또는該當座에서引出한圓貨에對하여公正한美貨代價를美貨又는其他美國財物로써支拂하기로玆에協約함。

第九條 (가) 大韓民國政府는、美國政府가美國國務省海外物資淸算委員會及在朝鮮美軍政廳을通하여現在까지、韓國經濟에提供한財産及該財産의拂下에依한圓貨純賣上金을받었으므로、此에對하여、該財産의公正한代價는本條에規定한方法에依하여、美國政府에支拂하기로協約하되、該金額은二千五百萬弗의該當額을超過치아니함。但、此金額은、在朝鮮美軍政廳에該財産을移轉한海外物資淸算委員會의記錄에表示된바와如함。該財産의公正한代價總額의未拂殘額에對하여는一九四八年七月一日부터

年 2 8/8 分의 利率로 利息을計算하야、每年七月一日에此를韓國通貨로支拂할것이며 第一次支拂期日은、一九四九年七月一日로定함。

(바) 美國政府가指定한期日에그指定한金額으로써、大韓民國政府는、本條에規定한債務中에서、當時滿期된元額의全部又는一部와、滿期된支拂利息을韓國通貨로支拂하되、本條(라)項規定에依한財産의代價로減하며、美國政府는該債務中에受取한元額은該通貨의美貨該當額으로써貸方에記入함。

(사) 美國政府가右와如히受取한通貨一切는、「本條(아)項規定에依하여此를使用함。

(아) 大韓民國政府及美國政府는左와如히協約함。

本條(사)項에依하여美國政府가受取한韓國通貨及本條(마)項에規定한利息으로美國政府가受取한韓國通貨는韓國內에서此를使用할것이며美國政府의韓國內費用一切의支拂에、此를使用함을得함。但、其使用은、左에對한費用을包含함。

(一) 兩政府가相互協定한教育案

(二) 動産又는不動産、有體又는無體임을莫論하고、美國政府가關心을가진、在韓國財産及그添付物의取得。該財産은最初에、本協定의規定에列擧한財産을包含함。

(자) 大韓民國政府는、本條條件下에美國政府가相互協定으로써取得할수있는財産의所有權을、美國政府의要求에應하여讓渡함。如斯한財産의所有權을大韓民國政府가美國政府에讓渡할時에는、美國政府는該財産에對하여協定한公正市價價格을、本條에依한大韓民國政府의債權으로써計算함。

(차) 兩政府間의特別協定에依한別途規定이없는限、美國政府가大韓民國政府에게本條(다)項及(바)項에規定한대로、韓國通貨에依한支拂又는、在韓國財産의所有權讓渡를要求하는境遇에、以上兩者의總額은、七月一日에始作하는單一會計年度에있어서五百萬弗의該當額及本條(가)項에規定한滿期未拂利息을超過하지못함。

(카) 本協定條件에大韓民國政府가引受한弗貨債務에該當하는圓額은、大韓民國政府及美國政府間의相互協定에依하여此를計算하되、그計算은韓交換直前에此를行함。換額如何를不問하고、圓貨該當額은、但、支拂行爲當時에、第三者가合法的으로利用할수있는換算率에對比하여、美國政府에不利하도록計算치못함。

第十條 大韓民國政府는、本協定條件下에美國政府가提供한物資及其他財産의再輸出又는轉換을許하지않기로協約함。但、美國政府의正當한代表가如斯한再輸出又는轉換을認准한境遇에는、此限에不在함。

第十一條 大韓民國政府는、在朝鮮美軍政廳또는南朝鮮過渡政府의一切의現行法律、法令及規則을全的으로繼續施行할것을協約함。但、大韓民國政府가此를廢止又는改正하는時는此限에不在함。

第十二條 相互間에滿足할수있는親善條約及通商條約의交涉이있을때까지韓國에서、現在、合法的으로享有하는、聯合國國民及會社의權利及特典은、此를尊重하고確認할것을協約함。

第十三條 本協定條件下에、大韓民國政府에移讓되는、會計、財産及運營設備의行政的管理는、本協定有效期日부터三十日以內에、又는、大韓民國政府가如斯한運營及責任을引受할準備가되는대로、可及的速히、此를、大韓民國政府當局에漸次로秩序있게移讓함。但、歸屬財産及救助用藥物資의行政的管理는、本協定有效期日부터九十日以內에、又는大韓民國政府가如斯한運營及責任을引受할準備가되는대로可及的速히此를移讓함。

第十四條 在韓美國陸軍이韓國에서撤退할時까지、大韓民國政府及美國政府는、在韓美國陸軍에依한施設及運輸、通信、其他設備及企業의利用에關하여、在韓美國陸軍及在朝鮮美軍政廳各部間에이미締結된一切의協定에拘束되며此를遵守할것을協約함。

本協定은大韓民國國會에서、本協定에同意하였다는것을、韓國이美國에正式으로通牒한與同時에有效함。

一九四八年九月拾壹日韓國서울에서、韓國文及英文으로本書二通을作成함。

韓國語本文及英語本文은同樣의效力이有하나、相異가있는境遇에는英語本文에依함。

大韓民國代表
李範奭 署名
張澤相 署名

美國代表
존·무치오 署名

『財政及財産에關한最初協定』의補充

大韓民國(以下『韓國』이라略稱함)政府及北美合衆國(以下『美國』이라略稱함)政府間의本協定은、本日附『財政及財産에關한最初協定』第九條의補充이며、韓國에提供한餘剩財産의代價이되는、不動産讓渡를規定함。

記

韓國及美國間의『財政及財産에關한最初協定』第九條에依하면、韓國은、美國의要求에應하여、美國이關心을가지는在韓國財産과所有權을讓渡할것이며、右에言及한協定의同條(자)項에依하면、韓國은、美國에關하는財産은、兩政府間에協定된價格으로讓渡할것을協約하였으며、

美國은、右에言及한協定의條件下에、讓受키爲하는財産을이미選擇하였으므로、玆에左와如히協定함。

一、韓國은、本協定有效期日부터六十日前後에、左記價格으로美國에讓渡함。

價格은認定된評定官三人이此를決定하여弗價로明示함。

評定官은韓國이指名한一人、美國이指名한一人、及兩評定官이最初에選定한委員으로構成됨。

財産은左記財産을包含하나、此에局限되지아니함。

(가) 美軍家族住宅第拾號及空地
貞洞 一의三九
一三六二坪、

(나) 露西亞人家屋第一號
貞洞一의三九
七二〇坪

[illegible] 現在美國領事館 西側空地
貞洞一의九
一四一四坪

[illegible] 現在美國領事館南側空地
서울俱樂部財産에이르기까지
現在美國領事館경으로通한道
路의一部
貞洞八의一、八의三、八의四、
八의五、八의六、八의七、八의
八、八의九、八의十、及八의
十七
五三五·四〇坪

[illegible] 美軍家族住宅第十號及隣西頭
人家屋第一號正東便에있는三
角地形空地及其空地上에있는
倉庫一棟、家屋三棟及其他建
物
西大門區貞洞一의三九
一六七五坪

[illegible] 前軍政廳第二地區全部及其
地上에있는、約四十三棟의家
屋及其他建物、此는、此地域에
있는殖産銀行所有財産全體를
包含함。
松峴洞四九의一全部
司諫洞九六、九七의二、九八、
九九、一〇二、一〇三의一、一
〇四의一、及一〇四의二及、其
空地上의其他建物
約九、九一五坪。

[illegible] 半島호텔及其東便에連接한駐
車場
鍾路區乙支路一八〇의二
一九四四坪。

右證據로서下記署名人은各自政府가賦
與한權限에依하여一九四八年九月拾壹
日韓國서울에서韓國文及英文의本協定
에署名함
韓國語本文及英語本文은同樣의效力이
有하나、相異가있는境遇에는英語本文
에依함。

大韓民國代表
李範奭 署名
張澤相 署名

美國代表
존·무치오 署名

附錄甲

大韓民國政府가美國政府로하여금臨時
로無償借用케한財産은左記財産을包含
하나此에局限되지않음

[illegible] 軍用地帶第一、第二、及第七號
內에있는特定家屋五十一棟及空
地。

[illegible] 各處에散在한美人家族住宅第九
號、第一〇九號、第一四三號、第
二一八號、第二二一號及美軍宿
舍第五號、第十號及第十一號

[illegible] 半島호텔附近에있는三井빌딩及
空地。

[illegible] 美公報館及空地(前府廳빌딩)

[illegible] 第二十四軍國務隊地區。

[illegible] 南大門近處에있는第二二六補給
隊用창고빌딩倉庫

[illegible] 美軍第七師團地區(西氷庫)에있
는五十六棟의家屋及空地。

[illegible] 中央廳地區內에있는
五十七棟의家屋

[illegible] 美軍宿舍第三十三號(國際호텔)
及美軍宿舍第二十四號(首都호
텔)

[illegible] 美軍宿舍第二十三號(內資아파
ー트)의三棟建物。

[illegible] 美軍宿舍第三十八號(콜라자호
텔)。

[illegible] 永登浦美人家族住宅地帶第一地
區의使用家屋八棟及十五棟의아
파ー트。

印刷所 朝鮮書籍印刷株式會社

서 울 행 정 법 원

제 5 부

판 결

사 건	2010구합19461 학교환경위생정화구역내금지행위등해제신청거부처분취소
원 고	주식회사 서울 강서구 공항동 대표이사 소송대리인 법무법인 담당변호사
피 고	서울특별시 중부교육청 교육장 소송수행자
변 론 종 결	2010. 10. 19.
판 결 선 고	2010. 12. 9.

주 문

1. 원고의 청구를 기각한다.
2. 소송비용은 원고가 부담한다.

청 구 취 지

피고가 2010. 3. 30. 원고에 대하여 한 학교환경위생정화구역 내 금지행위 및 시설 해제 거부처분을 취소한다.

이 유

1. 처분의 경위

가. 원고는 2010. 3. 17. 피고에게 서울 종로구 송현동 49-1 외 47필지 137,440.5㎡(이하 '이 사건 사업부지'라 한다)에 지하 4층, 지상 4층 규모의 호텔(이하 '이 사건 호텔'이라 한다)을 신축하여 운영하고자 학교보건법 제6조 제1항 단서 규정에 의하여 학교환경위생정화구역(이하 '정화구역'이라고만 한다) 내 금지행위 및 시설의 해제신청을 하였다.

나. 피고는 2010. 3. 30. 원고에게 학교보건법 제6조 제1항 단서의 규정에 의하여 학교환경위생정화위원회의 심의를 거친 결과 원고의 금지행위 및 시설의 해제신청을 받아들이지 않는다는 취지의 이 사건 처분을 하였다.

[인정근거: 다툼 없는 사실, 갑 2, 3호증의 각 기재, 변론 전체의 취지]

2. 처분의 적법 여부

가. 원고의 주장

다음과 같은 여러 사정을 고려하면, 이 사건 처분은 그로써 달성하려는 공익목적에 비하여 원고에게 지나친 불이익을 가하는 것으로 재량권을 일탈·남용한 위법이 있다.

(1) 호텔, 여관 등이 정화구역 내에서의 금지시설로 규정된 것은, 숙박업이 풍속영업의 하나로서, 그와 같은 시설 내에서 윤락행위, 음란행위, 사행행위 등이 빈번히 이루

어지고 있고, 그로 인해 변별력과 의지력이 약한 학생들의 건전한 육성을 저해할 우려가 있기 때문이다. 그러나 원고가 신축하고자 하는 이 사건 호텔은 7성급 관광호텔로서 그 시설의 수준과 규모 등에 비추어 그러한 불건전한 행위가 이루어질 가능성이 매우 낮아 학생들의 학습과 학교보건위생에 나쁜 영향을 끼칠 우려가 없다.

(2) 피고는 이 사건 호텔이 완공될 경우, 인접한 덕성여자중·고등학교 및 풍문여자고등학교 건물에서 호텔내부가 일부 조망될 우려가 있다고 하나, 원고는 이에 대비하여 조망이 가능한 지점에 상록수 등을 식재하고, 객실 창 설치시 외부에서 내부가 조망되지 않도록 편광유리 등 특수유리를 이용하는 방법으로 조망이 차폐될 수 있도록 하는 만반의 조치를 취할 것이며, 이는 이 사건 호텔에 투숙할 고객들의 프라이버시를 보호하기 위해 당연히 이루어져야 할 조치이기도 하다.

(3) 이 사건 사업부지 인근의 학교장들은 이 사건 호텔의 건축으로 인해 유동인구가 증가하고, 공사로 인해 소음·먼지가 발생하며, 특급호텔을 접하게 될 학생들에게 소비의 양극화를 가르쳐주고 상대적 박탈감을 야기한다는 등의 사유를 들어 이 사건 호텔의 건축을 반대하고 있으나, 이러한 사유들은 학교보건법의 입법취지와 동떨어진 것으로서 이 사건 처분의 정당한 사유가 될 수 없다.

(4) 이 사건 호텔은 단순한 숙박시설에 그치는 것이 아니라 공연장, 전시장 등을 갖춘 복합문화시설로 운영될 예정이므로 인근 학생들로서도 그로 인한 문화적 혜택을 누릴 수 있게 된다. 또한 원고는 이 사건 호텔로 인해 통행량이 증가하더라도 인근 학교 학생들의 통학에 불편이 발생하지 않도록 이 사건 사업부지 일부를 제공하여 감고당길을 확장·정비할 예정이며, 그 외에 이 사건 호텔 건축으로 인해 지역경제 활성화, 도심에서 전통과 문화를 연결하는 랜드마크로서의 순기능 등의 여러 긍정적 효과가 기대

된다.

(5) 원고는 막대한 자금을 들여 이 사건 사업부지를 구입하였는데, 계획하였던 호텔 사업을 진행하지 못하게 되면, 그로 인해 수인하기 어려운 손실을 입게 된다.

나. 관계법령

별지 관계법령 기재와 같다.

다. 인정사실

(1) 이 사건 사업부지는 경복궁 동측의 서울시 북촌 제1종 지구단위계획구역 내에 위치해 있으며, 그 남단은 율곡로와 접해 있다.

(2) 이 사건 사업부지의 동측면은 남북방향으로 난 감고당길(도로 및 인도 포함 폭 약 10m)에 접해 있으며, 감고당길을 사이에 두고 풍문여자고등학교가 있는데, 이 사건 사업부지로부터 풍문여자고등학교 경계선까지 최단거리는 7m, 출입문까지 거리는 52m이다. 풍문여자고등학교의 교문은 율곡로와 감고당길이 교차하는 부분에 있으며, 과학관과 학습관이 이 사건 사업부지 경계면에 위치해 있어 과학관 2층 복도, 4층 옥상·자습실, 학습관의 3층 교실, 4층 자습실 등에서 이 사건 사업부지가 조망된다.

(3) 이 사건 사업부지의 북동측 경계는 울타리를 사이에 두고 덕성여자중학교 부지와 접해 있는데, 이 사건 사업부지로부터 덕성여자중학교 경계선까지 최단거리는 4.5m, 출입문까지 거리는 50.5m이다. 덕성여자중학교 건물은 이 사건 사업부지와의 경계선을 따라 건축되어 있으며 학교 운동장, 학교건물 3층 복도, 4층 복도 등에서 이 사건 사업부지가 조망된다.

(4) 덕성여자중학교의 동쪽으로 감고당길을 사이에 두고 덕성여자고등학교가 위치해 있는데, 이 사건 사업부지로부터 덕성여자고등학교 경계선까지 최단거리는 11.9m, 출

입문까지 거리는 58m이다. 덕성여자고등학교의 남해과학관 4층 복도에서 이 사건 사업부지 거의 전부가 조망된다.

(5) 덕성여자중·고등학교 및 풍문여자고등학교의 정문은 모두 감고당길을 향해 나 있으며, 덕성여자중·고등학교의 학생 대부분 및 풍문여자고등학교 학생 약 절반 정도가 감고당길을 지나 통학한다.

(6) 학교환경위생정화위원회 심의시 제출된 정화구역 내 학교장들의 의견은 대략 다음과 같다.

(가) 풍문여자고등학교: 본교 3, 4층에서 해당업소가 너무 가까워 일과중이나 방과 후 학생들에게 위락시설의 내부행위가 그대로 노출되어 학생들의 면학분위기를 훼손하고, 성인들의 부정적인 행태를 모방할 수 있어 교육상 건전하지 못한 악영향을 끼칠 수 있다.

(나) 덕성여자중학교: 공연 및 숙박을 위한 시설이 설치됨으로 인해 학습과 면학분위기를 상당히 해친다. 본교는 6층 건물로 4층 구조의 이 사건 호텔과 담장 하나 사이로 이격되어 있어 전체 부지가 학생들이 쉽게 볼 수 있는 조망대상이 되므로 학생들의 호기심을 유발하고 정서적 안정감 유지에 지장이 초래된다. 또한 학생들의 경제적 여건상 상대적 박탈감을 가중시키는 등 학생교육에 유해할 것으로 판단된다. 또한 차량통행 및 유동인구 증가로 안전한 통학로 확보에 부정적 영향을 끼치게 되고, 공사로 인해 소음과 먼지 발생시 심각한 학습저해요인이 된다. 올바른 소비와 절약정신을 가르쳐주어야 할 시기에 과소비 시설이 들어서면 소비의 양극화부터 가르치는 결과를 초래한다.

(다) 덕성여자고등학교: 본교 남해과학관 3~5층에서 이 사건 호텔의 건축물, 내부행

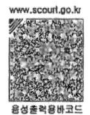

위 등이 훤히 내려다보여 학생들 정서 및 학습권을 침해할 것으로 우려되며, 통학로로 이용되고 있는 감고당길의 교통량과 유동인구 증가로 학생안전지도에 불편이 발생할 것으로 우려된다.

[인정근거: 다툼 없는 사실, 갑 1, 4, 10호증, 을 1호증, 을 2호증의 1,2,3의 각 기재, 이 법원의 현장검증결과, 변론 전체의 취지]

라. 판단

(1) 학교보건법 제6조 제1항 단서의 규정에 의하여 교육감 또는 교육감이 위임한 자가 정화구역 안에서의 금지행위 및 시설의 해제신청에 대하여 그 행위 및 시설이 학습과 학교보건위생에 나쁜 영향을 주지 않는 것인지의 여부를 결정하여 그 금지행위 및 시설을 해제하거나 계속하여 금지(해제거부)하는 조치는 교육감 또는 교육감이 위임한 자의 재량행위에 속하는 것으로서, 그것이 재량권을 일탈·남용하여 위법하다고 하기 위해서는 그 행위 및 시설의 종류나 규모, 학교에서의 거리와 위치는 물론이고, 학교의 종류와 학생 수, 학교주변의 환경, 그리고 위 행위 및 시설이 주변의 다른 행위나 시설 등과 합하여 학습과 학교보건위생 등에 미칠 영향 등의 사정과 그 행위나 시설이 금지됨으로 인하여 상대방이 입게 될 재산권 침해를 비롯한 불이익 등의 사정 등 여러 가지 사항들을 합리적으로 비교·교량하여 신중하게 판단하여야 한다(대법원 1996. 10. 29. 선고 96누8253 판결, 대법원 2010. 3. 11. 선고 2009두17643 판결 등 참조).

(2) 이 사건에서, 앞서 본 사실들을 위 법리에 비추어 알 수 있는 다음과 같은 점을 종합하여 볼 때, 원고가 주장하는 사정을 감안한다고 하더라도 이 사건 처분이 재량권을 일탈하거나 남용하였다고 볼 수 없다.

① 국가의 장래를 짊어질 학생들을 위해서는 학교 주변에 학습이나 학교보건위생에

해를 끼칠 가능성이 있는 행위나 시설이 가급적 들어서지 못하도록 해주는 것이 바람직하다. 학교보건법은 이러한 취지에서 제정되었다.

② 학교보건법 제6조 제1항은 각호에서 정화구역 내에서의 금지행위 및 시설을 열거하여, 이를 원칙적으로 금지하면서 다만 그 중 일부에 대하여 학교환경위생정화위원회의 심의를 거쳐 학습과 학교보건위생에 나쁜 영향을 주지 않는다고 인정되는 때에는 예외적으로 그 금지를 해제할 수 있다고 규정하고 있다. 이처럼 학교보건법이 정화구역 내에서의 금지행위를 특별한 사정이 인정되는 경우에 한하여 예외적으로 허용해주도록 규정하고 있는 점에 비추어 보면, 교육당국이 금지행위 및 시설해제에 관하여 내린 판단은 특별한 다른 사정이 없는 한 이를 최대한 존중하여야 할 것이다.

③ 호텔, 여관, 여인숙 등의 숙박업은 영업내용 자체만으로는 학생들의 학교교육을 저해하는 것이라고 하기 어렵다. 다만, 풍속영업의 규제에 관한 법률의 내용으로부터 미루어 알 수 있듯이 숙박업소 내에서 윤락행위, 음란행위 또는 사행행위 등이 이루어지는 사례가 빈번하므로, 그러한 시설이 정화구역 안에 있으면 어린 학생들이 그와 같은 행위에 호기심을 갖게 될 수 있고, 심지어는 그와 같은 불건전한 행위를 접하면서 비행행위에 빠질 개연성이 높아지기 때문에, 학교보건법은 호텔, 여관 등을 정화구역 내에서의 금지시설로 규정하고 있는 것이다.

④ 7성급 특급 호텔에서 윤락행위, 음란행위, 사행행위, 유해화학물질 흡입행위 등 불건전한 행위가 발생하는 빈도는 일반 숙박업소에 비해 낮을 것으로 예상할 수 있고, 인근 학교 학생들이 이 사건 호텔을 이용해 불건전한 행위를 접할 가능성은 일반 숙박업소에 비해 낮을 것으로 보인다. 그러나 이 사건 호텔 역시 숙박업소인 이상, 일반적인 숙박업소와 마찬가지로 그러한 불건전한 행위가 발생할 가능성은 상존해 있으므로,

이 사건 호텔의 규모, 등급, 부대시설 등을 비롯하여 원고가 주장하는 사정만으로 이 사건 호텔이 학생들의 학습과 학교보건위생에 나쁜 영향을 끼치지 않는다고 쉽사리 단정할 수는 없는 것이다.

⑤ 특히 이 사건 사업부지는 덕성여자중학교와는 울타리 하나를 사이에 두고 불과 4.5m의 거리를 둔 채 접해 있고, 풍문여자고등학교와는 감고당길을 사이에 두고 불과 7m의 거리를 둔 채 접해 있어, 이 사건 호텔이 완공될 경우 그 객실은 각 학교 건물에서 그 내부를 육안으로 식별할 수 있을 정도로 가까이에 위치하게 될 것으로 예상되는데, 그러한 환경이 사춘기에 접어드는 어린 학생들의 건전한 정서함양을 저해할 우려가 있다고 본 피고의 판단이 현저히 부당하다고 보기 어렵다. 원고는 각종 차폐시설을 통해 객실내부 조망을 차단할 수 있다고 주장하지만, 수목식재로 인한 시선차폐의 효과에는 한계가 있을 것으로 보이고, 야간에는 편광유리에 의한 차폐효과가 현저히 떨어지는 점 등에 비추어 보면, 원고가 주장한 바대로 각종 차폐시설들이 모두 설치된다 하여도, 그와 같은 조치로 인해 객실 내부 조망이 완전히 차단될 수 있을 것이라 단언하기 어려운 상황이며, 오히려 그와 같은 조치가 호기심 많은 학생들의 상상을 부추김으로써 교육적으로 역효과가 발생할 수도 있다.

⑥ 학교보건법의 입법취지는, 성장기에 있는 학생들에게 그들의 주요 활동공간인 학교주변의 일정지역이라는 최소한의 범위를 정하여 그 범위 내에서 유해환경을 방지하고, 평온하며 건강한 환경을 마련해 줌으로써 변별력과 의지력이 비교적 미약한 청소년 학생을 보호하여 학교교육의 능률을 기하고자 하는 것이다. 그렇다면 인접지에 대규모 관광호텔이 들어서면 유동인구의 증가 등으로 인해 학생들의 생활지도가 어려워진다든가, 감수성이 예민한 나이의 학생들이 특급호텔의 이용객들을 보면서 느끼게

될 상대적 박탈감이 학생들의 정서에 안좋은 영향을 끼치게 될 우려가 있다는 등의 사유는 이 사건 시설에 대하여 학교보건법 제6조 제1항이 정한 금지를 해제하지 아니할 정당한 사유에 해당한다.

⑦ 원고는 이 사건 사업부지가 정화구역 내에 위치해 있어 그로 인해 학교보건법이 정한 바에 따라 금지행위 및 시설 등의 제한을 받게 될 수 있다는 것을 알고도 이를 매수한 점을 고려하면, 학생들의 건전한 육성 보호 및 학교교육의 능률도모라는 공익보다 원고가 이 사건 사업부지에서 호텔을 건축하지 못하게 됨으로 인하여 입게 될 재산상의 불이익이 매우 커서 이를 수인하기 어려울 정도라고 보기 어렵다.

3. 결 론

원고의 청구는 이유 없으므로 이를 기각한다.

재판장　판사　이진만 ________________

판사　김강산 ________________

판사　백주연 ________________

관계법령

◆ 학교보건법

제1조 (목적)

이 법은 학교의 보건관리와 환경위생 정화에 필요한 사항을 규정하여 학생과 교직원의 건강을 보호·증진함을 목적으로 한다.

제5조 (학교환경위생 정화구역의 설정)

① 학교의 보건·위생 및 학습 환경을 보호하기 위하여 교육감은 대통령령으로 정하는 바에 따라 학교환경위생 정화구역을 설정·고시하여야 한다. 이 경우 학교환경위생 정화구역은 학교 경계선이나 학교 설립예정지 경계선으로부터 200미터를 넘을 수 없다.

제6조 (학교환경위생 정화구역에서의 금지행위 등)

① 누구든지 학교환경위생 정화구역에서는 다음 각 호의 어느 하나에 해당하는 행위 및 시설을 하여서는 아니 된다. 다만, 대통령령으로 정하는 구역에서는 제2호, 제3호, 제6호, 제10호, 제12호부터 제18호까지와 제20호에 규정된 행위 및 시설 중 교육감이나 교육감이 위임한 자가 학교환경위생정화위원회의 심의를 거쳐 학습과 학교보건위생에 나쁜 영향을 주지 아니한다고 인정하는 행위 및 시설은 제외한다.

13. 호텔, 여관, 여인숙

◆ 학교보건법 시행령

제3조 (학교환경위생 정화구역)

① 법 제5조 제1항에 따라 교육감이 학교환경위생 정화구역(이하 "정화구역"이라 한다)을 설정할 때에는 절대정화구역과 상대정화구역으로 구분하여 설정하되, 절대정화구역은 학교출입문(학교설립예정지의 경우에는 설립될 학교의 출입문 설치 예정 위치를 말한다)으로부터 직선거리로 50미터까지인 지역으로 하고, 상대정화구역은 학교경계선 또는 학교설립예정지경계선으로부터 직선거리로 200미터까지인 지역 중 절대정화구역을 제외한 지역으로 한다.

제5조 (제한이 완화되는 구역)

법 제6조 제1항 각 호 외의 부분 단서에서 "대통령령으로 정하는 구역"이란 제3조 제1항에 따른 상대정화구역(법 제6조 제1항 제14호에 따른 당구장 시설을 하는 경우에는 절대정화구역을 포함한 정화구역 전체)을 말한다. 끝.

www.scourt.go.kr

음성출력용바코드

정본입니다.

2010. 12. 13.

서울행정법원

법원주사 신 재 흥

판결에 불복이 있을 때에는 이 정본을 송달받은 날(발송송달의 경우에는 발송한 날)부터 2주 이내에 상소장을 이 법원에 제출하여야 합니다(보조참가인의 경우에는 피참가인을 기준으로 상소기간을 계산함에 유의). ※ 각 법원 민원실에 설치된 사건검색 컴퓨터의 발급번호조회 메뉴를 이용하거나, 담당 재판부에 대한 문의를 통하여 이 문서 하단에 표시된 발급번호를 조회하시면, 문서의 위·변조 여부를 확인하실 수 있습니다.

2010-0016420998-6QKDU 위변조 방지용 바코드 입니다. 11 / 11

서 울 고 등 법 원

정본입니다.
2012. 1. 16.
법원사무관 문 현

제 9 행 정 부

판 결

사 건	2010누44643 학교환경위생정화구역내금지행위등해제신청거부처분취소
원고, 항소인	주식회사 서울 강서구 대표이사 소송대리인 1. 법무법인 담당변호사 2. 법무법인 담당변호사
피고, 피항소인	서울특별시 중부교육지원청 교육장 (구 명칭 : 서울특별시 중부교육청 교육장) 소송수행자
제 1 심 판 결	서울행정법원 2010. 12. 9. 선고 2010구합19461 판결
변 론 종 결	2011. 11. 17.
판 결 선 고	2012. 1. 12.

주 문

1. 원고의 항소를 기각한다.

2. 항소비용은 원고가 부담한다.

청구취지 및 항소취지

제1심 판결을 취소한다. 피고가 2010. 3. 30. 원고에 대하여 한 학교환경위생정화구역 내 금지행위 및 시설 해제 거부처분을 취소한다.

이 유

1. 처분의 경위

가. 원고는 2010. 3. 17. 피고에게 학교환경위생정화구역 내에 있는 서울 종로구 송현동 49-1 일원 47필지 중 36,642㎡(이하 '이 사건 사업부지'라 한다)에 지상 4층, 지하 4층, 총 연면적 137,440.5㎡, 객실 150개 규모의 호텔(이하 '이 사건 호텔'이라 한다)을 신축하여 운용하고자 설계개요, 주변약도, 토지이용계획확인서를 첨부하여 학교보건법(2007. 12. 14. 법률 제8678호로 개정된 것, 이하 같다) 제6조 제1항 단서 규정에 의한 학교환경위생정화구역(이하 '정화구역'이라고만 한다) 내 금지행위 및 시설의 해제신청을 하였다.

나. 피고는 풍문여자고등학교장, 덕성여자중학교장, 덕성여자고등학교장으로부터 교육환경 저해여부 조사보고서 및 의견을 제출받은 후, 2010. 3. 30. 학교보건법 제6조 제1항 단서의 규정에 의하여 학교환경위생정화위원회의 심의를 거쳐 같은 날 원고에게 금지행위 및 시설의 해제신청을 받아들이지 않는다는 취지의 정화구역 내 금지행위 및 시설 해제신청결과 통보를 하였다(이하 '이 사건 처분'이라 한다).

[인정근거] 다툼 없는 사실, 갑 제1, 2, 3호증, 을 제1호증, 을 제2호증의 1, 2, 3, 을 제5, 6호증의 각 기재, 변론 전체의 취지

2. 처분의 적법 여부

가. 원고의 주장

(1) 학교보건법 제6조 제1항 제13호, 같은 법 시행령 제5조, 제3조 제1항은 정화구역에서는 호텔 시설을 하여서는 아니 된다고 규정하면서 다만 상대정화구역에서는 호텔 시설 중 교육감이나 교육감이 위임한 자가 학교환경위생정화위원회의 심의를 거쳐 학습과 학교보건위생에 나쁜 영향을 주지 아니한다고 인정하는 시설을 제외한다고 규정하고 있으나, 이 사건 호텔은 관광호텔이고, 건축법 제2조 제2항 제15호, 같은 법 시행령 제3조의4 [별표 1] 제15항은 관광호텔을 일반숙박시설인 호텔, 여관, 여인숙과 구분하여 관광숙박시설로 규정하고 있으며, 관광호텔은 일반 호텔과 달리 제1종 주거지역에서도 건축이 가능하고 관광숙박업 등의 등록심의위원회의 심의를 거쳐야 하는 등 법적 구분이나 건축가능 지역, 인허가 절차 등에서 일반숙박시설로서의 호텔과는 전혀 다르므로, 이 사건 호텔은 학교보건법 제6조 제1항 제13호에 규정된 호텔로 볼 수 없다.

(2) 현재와 같이 관광호텔을 경영하려는 경우 관광진흥법에 규정된 사업계획승인 신청 이전에 학교보건법상 금지해제를 받아야만 하는 구조에서는, 건축하려는 호텔에 관한 구체적인 사업계획 및 관광호텔의 실질에 대하여 교육감 등이 충분한 검토를 거친 후 금지 해제 여부에 대한 판단을 하여야 하는바, 피고는 원고에게 구체적 사업계획에 대한 자료 등을 제출하거나 학교환경위생정화위원회의 심의 등에 의견을 제출할 수 있는 기회를 부여하지 않은 채 이 사건 처분을 하였으므로, 이 사건 처분은 적법절

차의 원칙에 반하여 위법하다.

(3) 또한, 다음과 같은 여러 사정을 고려하면, 이 사건 처분은 그로써 달성하려는 공익목적에 비하여 원고에게 지나친 불이익을 가하는 것으로서 재량권을 일탈·남용한 위법이 있다.

(가) 호텔, 여관 등이 정화구역 내에서 금지시설로 규정된 것은, 숙박업이 풍속영업의 하나로서 그와 같은 시설 내에서 윤락행위, 음란행위, 사해행위 등이 빈번히 이루어지고, 그로 인해 변별력과 의지력이 약한 학생들의 건전한 육성을 저해할 우려가 있기 때문이다. 그러나 원고가 신축하고자 하는 이 사건 호텔은 7성급 관광호텔로서 그 시설의 수준과 규모 등에 비추어 불건전한 행위가 이루어질 가능성이 매우 낮아 학생들의 학습과 학교보건위생에 나쁜 영향을 끼칠 우려가 없다.

(나) 이 사건 사업부지 인근 학교장들은 이 사건 호텔이 완공될 경우 호텔 내부가 조망될 우려가 있다고 하나, 원고는 이에 대비하여 조망이 가능한 지점에 상록수 등을 식재하고 객실창 설치 시 외부에서 내부가 조망되지 않도록 편광유리 등 특수유리를 이용하는 방법으로 조망을 차단할 수 있는 조치를 취할 것이며 이는 호텔 투숙객들의 프라이버시를 보호하기 위해서도 당연히 이루어져야 할 조치이므로, 위와 같은 우려가 없다.

(다) 이 사건 사업부지 인근 학교장들은, 이 사건 호텔의 건축으로 인해 교통량 및 유동인구가 증가하고 공사로 인해 소음·먼지가 발생하게 되며 특급호텔, 명품관 등을 접하게 될 학생들에게 상대적 박탈감을 야기한다는 등의 사유를 들어 이 사건 호텔에 관한 정화구역 내 금지시설 해제신청에 대해 부정적 의견을 밝히고 있으나, 그와 같은 사유들은 학교보건법의 입법취지와는 무관한 것으로서 이 사건 처분의 정당한 사

유가 될 수 없다.

(라) 이 사건 호텔은 단순한 숙박시설에 그치는 것이 아니라 공연장, 갤러리, 전시장 등을 갖춘 복합문화시설로 운영될 예정이고 시설의 면적구성도 문화시설 23%, 기전실 주차장 등 32%, 부대시설 28%, 숙박시설 17%로 계획되어 있어, 인근의 학생들로서도 문화적 혜택을 누릴 수 있게 된다. 또한 인근 학교의 학생들이 통학로로 사용하고 있는 이 사건 사업부지 옆길인 감고당길은 현재에도 교통량 및 유동인구의 증가로 인하여 학생들이 통학로로 사용하기에 불편한 상황인데, 원고는 이 사건 호텔 건축으로 통행량이 증가하더라도 학생들의 통학이 현재보다 덜 불편하도록 이 사건 사업부지의 일부를 제공하여 감고당길을 확장·정비할 예정이다.

(마) 전국적으로 77개의 관광호텔이 정화구역 내에서 영업을 하고 있고, 피고는 2005년부터 이 사건 호텔보다 유해성이 더 높다고 볼 수 있는 호텔, 여관, 여인숙에 대하여도 20건 넘게 금지해제를 해 주었고, 유흥주점, 단란주점, 게임장 등에 대해서도 금지해제를 해 준 사례가 다수 있다. 피고는 2010. 11. 29. 이 사건 사업부지 맞은편에 있는 서머셋팰리스 호텔에 대하여 금지해제를 해 주었고, 2011. 7. 13. 서울 명동에 위치한 엠(M) 플라자에 대하여 금지해제를 해 주었다.

(바) 이 사건 호텔 건축으로 인하여 지역경제 활성화, 도심에서 전통과 문화를 연결하는 랜드마크로서의 순기능, 관광객 숙박시설의 확충 등 여러 긍정적 효과가 기대된다. 또한 원고는 수천억 원의 막대한 자금을 들여 이 사건 사업부지를 매수하고 이 사건 호텔 신축을 계획하였는바, 이 사건 호텔 관련 사업을 진행하지 못하게 되면 그로 인해 수인하기 어려운 손실을 입게 된다. 만일 이 사건 호텔과 같은 관광호텔까지 학교보건법에서 정한 금지시설로 규정한 데서 더 나아가 금지해제도 받을 수 없는

것으로 본다면, 직업선택의 자유를 규정한 헌법 제15조, 재산권 보장을 규정한 헌법 제23조, 과잉금지의 원칙을 규정한 헌법 제37조 제2항에 위반된다고 볼 수 있으므로 학교보건법 제6조 제1항 제13호는 헌법합치적으로 해석되어야 한다.

나. 관계 법령

별지 '관계 법령' 기재와 같다.

다. 인정사실

(1) 이 사건 사업부지는 경복궁 동쪽의 서울 북촌 제1종 지구단위계획구역 내에 위치해 있으며, 그 남단은 율곡로와 접해 있다. 이 사건 사업부지 일대는 국토의 계획 및 이용에 관한 법률(이하 '국토계획법'이라 한다)에 따른 제1종 일반주거지역, 최고고도지구(4층 이하, 최고 높이 16미터 이하), 역사문화미관지구에 해당한다.

이 사건 사업부지는 미국이 1940년대에 소유권을 취득한 후 주한미국대사관의 직원숙소 부지로 활용되어 왔는데, 1997년경 삼성생명보험 주식회사가 이를 매수하였고, 2008년경 원고가 이를 매수하여 소유하게 되었다.

(2) 이 사건 사업부지의 동측면은 남북방향으로 난 감고당길(차도 및 인도 포함 폭 약 10m)에 접해 있고, 위 감고당길을 사이에 두고 풍문여자고등학교(부지 약 13,437 ㎡)가 있는데, 이 사건 사업부지로부터 풍문여자고등학교 경계선까지의 최단거리는 7m, 출입문까지의 거리는 52m이다. 풍문여자고등학교의 출입문은 율곡로와 감고당길이 교차하는 모퉁이 부분에 있으며, 과학관과 학습관이 이 사건 사업부지 방향의 풍문여자고등학교 부지 경계면에 위치해 있어 과학관 2층 복도, 4층 옥상·자습실, 학습관의 3층 교실, 4층 자습실 등에서 이 사건 사업부지가 조망된다.

(3) 이 사건 사업부지의 북동측 경계는 울타리를 사이에 두고 덕성여자중학교(부지

약 7,728㎡)와 접해 있는데, 이 사건 사업부지로부터 덕성여자중학교 경계선까지의 최단거리는 4.5m, 출입문까지 거리는 50.5m이다. 덕성여자중학교 건물은 이 사건 사업부지와의 경계선을 따라 건축되어 있으며 학교 운동장, 학교건물 3층 복도, 4층 복도 등에서 이 사건 사업부지가 조망된다.

(4) 덕성여자중학교의 동쪽으로 감고당길을 사이에 두고 덕성여자고등학교(부지 약 12,238㎡)가 위치해 있는데, 이 사건 사업부지로부터 덕성여자고등학교 경계선까지의 최단거리는 11.9m, 출입문까지 거리는 58m이다. 덕성여자고등학교의 남해과학관 4층 복도에서 이 사건 사업부지 거의 전부가 조망된다.

(5) 원고가 소유하고 있는 서울 종로구 송현동 49-1 일대 47필지는 원래 그 중 일부가 덕성여자중학교의 정문을 기준으로 한 절대정화구역과 풍문여자고등학교의 정문을 기준으로 한 절대정화구역에 각 저촉되었는데, 원고는 위와 같이 절대정화구역에 저촉되는 토지 부분에 대하여는 나무를 심어 보행자들의 통로로 조성하거나 보행 광장을 조성하기로 하는 계획을 수립하여 개발가능부지의 경계선을 정하였고, 이로 인하여 이 사건 사업부지 자체가 절대정화구역에는 저촉되지 않게 되었다.

(6) 덕성여자중·고등학교 및 풍문여자고등학교의 정문은 모두 감고당길을 향해 나 있으며, 덕성여자중학교(재적학생 350명), 덕성여자고등학교(재적학생 910명)의 학생 대부분과 풍문여자고등학교(재적학생 1,285명)의 학생 중 절반 정도가 감고당길을 지나 통학한다.

(7) 학교환경위생정화위원회 심의시 제출된 정화구역 내 학교장들의 의견은 대략 다음과 같다.

(가) 풍문여자고등학교 : 본교 3, 4층에서 해당업소가 너무 가까워 일과 중이나

방과 후 학생들에게 위락시설의 내부행위가 그대로 노출되어 학생들의 면학분위기를 훼손하고, 성인들의 부정적인 행태를 모방할 수 있어 교육상 건전하지 못한 악영향을 끼칠 수 있다.

(나) 덕성여자중학교 : 공연 및 숙박을 위한 시설이 설치됨으로 인해 학습과 면학분위기를 상당히 해칠 뿐만 아니라 청소년기에 올바르게 형성되어야 할 인성과 정서 함양에 막대한 지장을 초래할 것이다. 본교는 6층 건물로서 4층 구조의 이 사건 호텔과 담장 하나 사이로 이격되어 있어 전체 부지가 학생들이 쉽게 볼 수 있는 조망대상이 되므로 학생들의 호기심을 유발하고 정서적 안정감 유지에 지장이 초래된다. 또한 학생들의 경제적 여건상 상대적 박탈감을 가중시키는 등 학생교육에 유해할 것으로 판단된다. 또한 차량통행 및 유동인구 증가로 안전한 통학로 확보에 부정적 영향을 끼치게 되고, 공사로 인해 소음과 먼지 발생시 심각한 학습저해요인이 된다. 올바른 소비와 절약정신을 가르쳐주어야 할 시기에 과소비 시설이 들어서면 소비의 양극화부터 가르치는 결과를 초래한다.

(다) 덕성여자고등학교 : 본교 남해과학관 3~5층에서 이 사건 호텔의 건축물, 내부행위 등이 훤히 내려다보여 학생들 정서 및 학습권을 침해할 것으로 우려되며, 최근 통학로로 이용되고 있는 감고당길의 교통량과 유동인구 증가로 인해 학생안전지도 등 큰 불편을 겪고 있는데, 이 사건 호텔이 들어오면 더욱 문제가 가중될 수 있다.

[인정근거] 위 거시증거, 갑 제4, 10, 15호증, 의 각 기재, 제1심 법원의 현장검증결과, 이 법원의 수명법관의 현장검증결과, 변론 전체의 취지

라. 판단

(1) 이 사건 호텔이 학교보건법 제6조 제1항 제13호의 '호텔'에 해당되는지 여부

(가) 건축법 제2조 제2항은 건축물의 용도를 각 호와 같이 구분하되 각 용도에 속하는 건축물의 세부 용도는 대통령령으로 정한다고 하면서 제15호에서 '숙박시설'을 들고 있고, 건축법 시행령(2009. 7. 16. 대통령령 제21629호로 개정된 것, 이하 같다) 제3조의4 [별표 1] 제15항은 '숙박시설'을 일반숙박시설(호텔, 여관 및 여인숙), 관광숙박시설(관광호텔, 수상관광호텔, 한국전통호텔, 가족호텔 및 휴양 콘도미니엄), 고시원(제2종 근린생활시설에 해당하지 아니하는 것을 말한다) 등으로 구분하고 있고, 관광진흥법(2011. 4. 5. 개정되어 2011. 7. 6. 시행되기 전의 것, 이하 같다) 제4조 제1항, 제15조, 제16조 제5항, 제17조, 관광진흥법 시행령 제14조에 의하면, 관광호텔업을 포함한 관광숙박업을 경영하려는 자는 특별자치도지사·시장·군수·구청장(이하 '구청장 등'이라 한다)에게 등록하여야 하고, 등록을 하기 전에 그 사업에 대한 사업계획을 작성하여 구청장 등의 승인을 받아야 하며, 사업계획의 승인을 받은 경우 일반주거지역, 준주거지역, 준공업지역, 자연녹지지역에서도 국토계획법 제76조 제1항의 용도지역 및 용도지구 안에서의 건축물의 건축제한을 받지 않게 되고, 관광숙박업 등의 등록에 관한 사항을 심의하기 위하여 구청장 등 소속으로 관광숙박업 및 관광객 이용시설업 등록심의위원회(이하 '등록심의위원회'라 한다)를 두어 구청장 등이 관광숙박업의 등록을 하려면 미리 등록심의위원회의 심의를 거쳐야 하도록 규정되어 있다.

(나) 그러나 위와 같이 건축법령이 호텔과 관광호텔을 구분하고 있고, 관광호텔업의 경우 관광진흥법령에 따라 관광숙박업으로서 구청장 등으로부터 사업계획의 승인을 받고 등록심의위원회의 심의를 거쳐 등록을 하며 사업계획승인을 받은 경우 소정의 건축제한을 받지 않게 되는 등 일반호텔이나 다른 숙박시설과 달리 취급받는 부분이 있다 하더라도, 아래와 같은 관계법령의 규정 및 입법 경위, 학교보건법의 취지 등에

비추어 보면, 이 사건 호텔과 같은 관광호텔도 숙박시설로서 공중위생업소 및 풍속영업소에 해당하고 학교보건법 제6조 제1항 제13호에 규정된 '호텔'에 해당한다고 할 것이므로, 원고의 이 부분 주장은 이유 없다.

1) 학교보건법은 학교의 보건관리에 필요한 사항을 규정하여 학생 및 교직원의 건강을 보호함으로써 학교 교육의 능률화를 기하기 위하여 1967. 3. 30. 법률 제1928호로 제정되었다. 제정 당시의 학교보건법 제6조 제1항은 누구든지 정화구역에서는 소음·진동·악취 등의 발생으로 학생의 학습에 지장이 있다고 인정되는 행위와 학교보건위생에 영향을 끼치는 비위생적인 시설 및 행위를 하여서는 아니 된다고 규정하고 있을 뿐, 구체적으로 어떠한 시설 및 행위가 그에 해당할 것인지에 관하여는 규정하지 않았다. 그 후 1970. 9. 14. 문교부령 제268호로 발령된 학교보건법 시행규칙은 처음으로 금지되는 행위 및 시설을 구체적으로 규정하였고, 호텔은 1976. 1. 10 문교부령 제376호로 개정된 학교보건법 시행규칙 제2조 제2호에서 여관, 여인숙과 함께 금지시설로 규정되었다. 그 후 1981. 2. 28. 법률 제3374호로 개정된 학교보건법은 위 학교보건법 시행규칙에 규정되어 있던 정화구역 내의 시설에 대한 금지를 법률로 끌어올려 제6조 제1항에 규정하였다.

2) 1976. 1. 10. 문교부령 제376호로 개정된 학교보건법 시행규칙 제2조 제2호는 금지행위 및 시설로 호텔을 규정하면서 '숙박업법의 규정에 의한 호텔'이라고 규정하였고, 1986. 5. 10. 법률 제3822호(공중위생법 부칙 제2조 제1항 제2호)로 폐지되기 전의 숙박업법 제2조 제1항, 제2항은 '본법에서 숙박업이라 함은 호텔영업, 여관영업 및 여인숙영업을 말한다', '본법에서 호텔영업이라 함은 한국식 또는 서양식의 구조 및 설비로서 고급의 시설로 하여 숙박료를 받아 사람을 숙박하게 하는 영업을 말한다'

고 규정하고 있었다.

3) 공중위생법{1986. 5. 10. 제정되었다가 1999. 2. 8. 법률 제5839호(공중위생관리법 부칙 제2조)로 폐지되기 전의 것} 제2조 제1항 제1호에서 위생접객업 영업을 숙박업, 목욕장업, 이용업, 미용업 등으로 구분하였고, 한편, 1999. 2. 8. 제정된 공중위생관리법도 공중위생영업을 숙박업, 목욕장업, 이용업, 세탁업, 위생관리용역업으로 구분하고 숙박업을 '손님이 잠을 자고 머물 수 있도록 시설 및 설비 등의 서비스를 제공하는 영업을 말한다'고 규정하였으며 이러한 내용은 현재도 유지되고 있다.

현행 공중위생관리법 제9조 제1항, 제2항에 의하면, 시·도지사 또는 시장·군수·구청장은 공중위생관리상 필요하다고 인정하는 때에는 공중위생영업자 등에 대하여 필요한 보고를 하게 하거나 소속 공무원으로 하여금 영업소 등에 출입하여 공중위생영업자의 위생관리의무이행 및 공중이용시설의 위생관리실태 등에 대하여 검사하게 하거나 필요에 따라 공중위생영업장부나 서류를 열람하게 할 수 있고(제1항), 관광진흥법 제4조 제2항의 규정에 의하여 등록한 관광숙박업의 경우에는 제1항의 규정을 적용함에 있어서 당해 관광숙박업의 관할행정기관의 장과 사전에 협의하여야 한다(제2항)고 규정하고 있어, 관광진흥법에 규정된 관광숙박업도 공중위생관리법상 숙박업의 일종임을 알 수 있다.

4) 풍속영업의 규제에 관한 법률(2010. 7. 23. 법률 제10377호로 개정되기 전의 것, 이하 같다)은, 풍속영업을 영위하는 장소에서의 선량한 풍속을 해하거나 청소년의 건전한 육성을 저해하는 행위 등을 규제하여 미풍양속의 보존과 청소년의 보호에 이바지함을 입법목적으로 하고 있고(제1조), 위 '풍속영업'에는 공중위생관리법 제2조 제1항 제2호의 규정에 의한 숙박업이 포함되는 것으로 규정하고 있으며(제2조 제2호),

풍속영업을 영위하는 자는 풍속영업소에서 성매매알선 등 행위를 하여서는 아니 되고, 음란행위를 하게 하거나 이를 알선 또는 제공하여서는 아니 되며, 도박 기타 사해행위를 하게 하여서는 아니 되는 등 소정의 준수사항을 지키도록 하고 있다(제3조).

5) 1961. 8. 22. 법률 제689호로 제정된 관광사업진흥법 제2조 제6항은 '관광호텔업이라 함은 외국인관광객의 숙박에 적합한 구조 및 설비를 갖춘 시설에서 관광호텔 또는 이와 유사한 명칭을 사용하여 사람을 숙박시키고 음식을 제공하는 업을 말한다'라고 규정하고 있었고, 1967. 2. 28. 법률 제1896호로 개정된 관광사업진흥법 제2조 제3호는 '관광호텔업이라 함은 한국식 또는 서양식의 숙박에 적합한 구조 및 설비를 갖춘 시설에서 요금을 받고 관광객을 숙박시키며 음식을 제공하는 업을 말한다'고 규정하였는바, 이는 숙박하는 사람이 관광객이라는 것만 다를 뿐, 숙박업법에서 규정한 호텔영업과 그 내용이 같다.

6) 1978. 10. 30. 개정된 건축법 시행령의 [부표]에서는 건축물의 용도를 구분함에 있어 '숙박시설'에 관하여 여관·여인숙·하숙, 호텔, 청소년호텔, 자동차 여행자호텔을 규정하고 있었고, 1980. 11. 12. 건축법 시행령이 개정되면서 그 [부표]에서 '숙박시설'을 일반숙박시설(호텔·여관·여인숙·하숙), 관광숙박시설(관광호텔·모텔·유우드호스텔)로 구분한 후 현재까지 건축법 시행령에서 '숙박시설'을 일반숙박시설과 관광숙박시설로 구분해 오고 있는데, 건축법은 건축물의 대지·구조·설비 기준 및 용도 등을 정하여 건축물의 안전·기능·환경 및 미관을 향상시킴으로써 공공복리의 증진에 이바지하는 것을 입법목적으로 하는 것으로서(건축법 제1조) 위와 같은 일반숙박시설과 관광숙박시설의 구분은 건축물의 안전·기능·환경 및 미관을 향상시키기 위한 목적 하에 이루어진 것일 뿐, 관광호텔이 일반 호텔과 성질이나 업종이 다르다는 것을 구분하기 위한

것으로 보기 어렵다.

7) 관광진흥법은 관광 여건을 조성하고 관광자원을 개발하며 관광산업을 육성하여 관광 진흥에 이바지하는 것을 목적으로 제정되었고, 관광숙박업을 호텔업과 휴양콘도미니엄업으로 나누고 있으며, 관광진흥법 시행령 제2조 제1항 제2호는 호텔업의 종류로 관광호텔업, 수상관광호텔업, 한국전통호텔업, 가족호텔업, 호스텔업으로 구분하고 있다. 또한 관광진흥법 시행령 제5조 [별표 1]에 의하면, 관광호텔업의 등록기준에 관하여 '①욕실이나 샤워시설을 갖춘 객실을 30실 이상 갖추고 있을 것, ② 외국인에게 서비스를 제공할 수 있는 체제를 갖추고 있을 것, ③ 대지 및 건물의 소유권 또는 사용권을 확보하고 있을 것'이라고 규정하고 있다. 이들 규정에 의하면, 관광진흥법에 규정된 관광호텔업도 호텔업의 한 종류임이 분명하다.

8) 청소년보호법 제2조 제5호 나목, 같은 법 시행령 제3조 제5항 제1호에 의하면, 숙박업 중 관광진흥법의 규정에 의한 '휴양콘도미니엄업'은 청소년고용금지업소에서 제외되어 있으나, 관광진흥법의 규정에 의한 '호텔업'은 청소년고용금지업소에서 제외되어 있지 않다.

(2) 이 사건 처분이 적법절차의 원칙을 어겨 위법한 것인지 여부

원고는, 피고가 원고에게 구체적 사업계획에 대한 자료 등을 제출하거나 학교환경위생정화위원회의 심의 등에 의견을 제출할 수 있는 기회를 부여하지 않은 채 이 사건 처분을 하였으니 이 사건 처분은 적법절차의 원칙에 위반된다고 주장한다.

살피건대, 학교보건법 제6조 제1항, 학교보건법 시행령 제5조 및 제3조는, 절대정화구역 안에서는 학교보건법 제6조 제1항 각 호에 규정된 행위 및 시설을 일체 불허하면서, 상대정화구역 안에서는 호텔 등 학교보건법 제6조 제1항 제2호, 제3호, 제6호,

제10호, 제12호부터 제18호까지와 제20호에 규정된 행위 및 시설 중 교육감이나 교육감이 위임한 자가 학교환경위생정화위원회의 심의를 거쳐 학습과 학교보건위생에 나쁜 영향을 주지 아니한다고 인정하는 행위 및 시설은 금지대상에서 제외하도록 규정하고 있고, 학교보건법 시행규칙(2008. 8. 4. 교육과학기술부령 제12호로 개정된 것, 이하 같다) 제5조 제1항은, 학교보건법 제6조 제1항 단서에 따라 정화구역 안의 금지행위 및 시설에 대한 해제를 받고자 하는 자는 별지 제1호 서식의 정화구역내 금지행위 및 시설해제신청서에 건축물대장 또는 건축설계도면, 토지이용계획확인원, 주변약도(해당 학교와 신청지가 연결된 약도를 말한다)를 첨부하여 해당 교육장에게 제출하여야 한다고 규정하고 있는바, 피고가 원고로부터 학교보건법 시행규칙에 정해진 서류를 제출받고 학교장들의 의견을 수렴한 후 학교환경위생위원회의 심의를 거쳐 이 사건 처분을 하였음은 앞서 본 바와 같고, 한편, 학교보건법령에서 금지행위 및 시설해제신청자에게 학교보건법 시행규칙에서 규정한 서류 외에 구체적 사업계획에 대한 자료 등을 제출하거나 학교환경위생정화위원회의 심의 등에 의견을 제출할 수 있는 기회를 부여하도록 규정한 바가 없을 뿐만 아니라, 이 사건 처분은 일반적으로 금지된 행위 및 시설에 대한 해제신청을 받아들이지 않은 것일 뿐, 침해적 행정행위라고 볼 수 없으므로, 피고가 원고에게 구체적 사업계획에 대한 자료 등을 제출하거나 학교환경위생정화위원회의 심의 등에 의견을 제출할 수 있는 기회를 별도로 부여하지 않았다고 하여 이 사건 처분이 적법절차의 원칙에 위반된다고 볼 수 없고, 따라서 원고의 이 부분 주장은 이유 없다.

(3) 이 사건 처분이 재량권을 일탈·남용한 것인지 여부

(가) 학교보건법 제6조 제1항 단서의 규정에 의하여 교육감 또는 교육감이 위임한 자가 정화구역 안에서의 금지행위 및 시설의 해제신청에 대하여 그 행위 및 시설이

학습과 학교보건위생에 나쁜 영향을 주지 않는 것인지를 결정하여 그 금지행위 및 시설을 해제하거나 계속하여 금지(해제거부)하는 조치는 교육감 또는 교육감이 위임한 자의 재량행위에 속하는 것으로서, 그것이 재량권을 일탈·남용하여 위법하다고 하기 위해서는 그 행위 및 시설의 종류나 규모, 학교에서의 거리와 위치는 물론이고, 학교의 종류와 학생 수, 학교주변의 환경, 그리고 위 행위 및 시설이 주변의 다른 행위나 시설 등과 합하여 학습과 학교보건위생 등에 미칠 영향 등의 사정, 그 행위나 시설이 금지됨으로 인하여 상대방이 입게 될 재산권 침해를 비롯한 불이익 등의 사정 등 여러 가지 사항을 합리적으로 비교·교량하여 신중하게 판단하여야 한다(대법원 2010. 3. 11. 선고 2009두17643 판결 등 참조).

(나) 이 사건에서 보건대, 위 인정사실 및 거시증거와 갑 제13호증의 1, 2, 갑 제14, 15, 16호증의 각 기재에 변론 전체의 취지를 더하여 알 수 있는 아래와 같은 점을 종합하여 볼 때, 원고가 주장하는 사정을 모두 고려하더라도, 피고의 이 사건 처분은 법에서 최소한으로 보장하고자 하는 학생들의 학습 및 학교보건위생을 보호하기 위한 것으로서 정당하다고 할 것이고, 재량권을 일탈·남용하였다고 볼 수 없다. 즉,

1) '맹모삼천지교(孟母三遷之敎)'이라는 고사성어를 굳이 들지 않더라도 학교 주변 환경이 자라나는 학생들의 학습 및 환경보건위생에 커다란 영향을 끼치고 성격 형성에 지대한 영향을 미치게 됨은 분명한바, 특히 감수성이 예민하고 변별력과 의지력이 약한 청소년에게 있어서는 더욱 그러하다.

따라서 국가의 장래를 짊어질 학생들을 위하여 학교 주변에는 가급적 학습과 학교보건위생에 해를 끼칠 가능성이 있는 행위나 시설이 들어서지 못하도록 하는 것이 바람직하고, 이에 따라 학교보건법 및 시행령은 학교 인근의 지역 중 학교 경계

선으로부터 200m를 넘지 않는 범위 내에서 정화구역으로 지정하여 일정한 행위 및 시설을 금지함으로써 학습과 학교보건위생을 보호하기 위한 최소한의 규제를 하고 있는 것이다.

2) 학교보건법은 학교의 보건관리와 환경위생정화를 통하여 학교 교육의 능률화를 기함을 목적으로 하고 있고, 학교보건법 제5조, 제6조, 같은 법 시행령 제3조, 제4조의 각 규정은, 학교의 보건·위생 및 학습 환경을 보호하기 위하여 학교 경계선으로부터 200m를 넘지 않는 범위 내에서 정화구역을 설정하도록 하여 정화구역에서는 누구든지 호텔 등 일정한 행위 및 시설을 하여서는 아니 된다고 하면서, 학교출입문으로부터 직선거리로 50m까지인 지역은 절대정화구역으로 하고, 다만 학교경계선으로부터 직선거리로 200m까지인 지역은 상대정화구역으로 하여 일부 유형에 대하여는 교육감 등이 학교환경위생정화위원회의 심의를 거쳐 학습과 학교보건위생에 나쁜 영향을 주지 않는다고 인정하는 경우 금지에서 제외하도록 하였다.

따라서 정화구역으로 지정하여 일정한 행위 및 시설을 금지하는 것은 학습과 학교보건위생을 보호하기 위한 최소한의 보장책이므로, 상대정화구역에서의 금지행위 및 시설의 해제와 관련하여 학교장과 교육당국이 학교보건법 등 관계 법령이 정하는 바에 따라 내린 판단은 최대한 존중함이 상당하다.

3) 학교보건법은 1967. 3. 30. 법률 제1928호로 제정되었는데, 제정 당시의 학교보건법 제6조 제1항은 학교환경위생정화구역에서 소음·진동·악취 등의 발생으로 학생의 학습에 지장이 있다고 인정되는 행위와 학교보건위생에 영향을 끼치는 비위생적인 시설 및 행위를 금지하면서, 구체적으로 어떠한 시설 및 행위가 그에 해당하는지에 관하여는 규정하지 않았다가, 1970. 9. 14. 문교부령 제268호로 발령된 학교보건법 시

행규칙에서 금지되는 행위 및 시설을 구체적으로 규정하였고, 호텔은 1976. 1. 10 문교부령 제376호로 개정된 학교보건법 시행규칙 제2조 제2호에서 여관, 여인숙과 함께 금지시설로 규정되었으며, 그 후 1981. 2. 28. 법률 제3374호로 개정된 학교보건법에서 종전의 학교보건법 시행규칙에 규정되어 있던 정화구역 내의 시설에 대한 금지를 법률로 끌어올려 제6조 제1항에 규정하였고, 그 당시부터 호텔은 정화구역내 금지시설로 규정되어 현재에 이르고 있다.

학교보건법의 입법목적과 위와 같은 입법의 변천과정에 비추어 볼 때, 정화구역내에서 일정한 행위 및 시설을 금지하는 것은 주변환경으로부터 학교의 보건·위생 및 학습 환경을 보호하기 위한 최소한의 보장책으로 보아야 하고, 그것이 장기간 유지되고 있다는 사정만으로 그 제도 및 취지가 낡은 것이라고 볼 수 없다. 오히려 2007. 4. 27. 법률 제8391호로 개정되어 2008. 4. 28. 시행된 학교보건법 제5조에서는 학교설립예정지의 경우까지 정화구역을 설정할 수 있도록 하면서 그 부칙 제3항에서 정화구역 내 기존시설 중 금지대상 시설은 학교의 개교일 전까지 이전하거나 폐쇄하도록 규정하여 제도를 강화하기도 하였다.

4) 원고는 유흥시설의 부대시설 없이 건설되는 관광호텔에 대하여 학교보건법 제6조의 적용을 배제하려는 입법 활동이 진행되고 있다는 점도 참작되어야 한다고 주장하고 있으나, 행정소송에서 행정처분의 위법 여부는 행정처분이 있을 때의 법령과 사실상태를 기준으로 하여 판단하여야 하고 처분 후 법령의 개폐나 사실상태의 변동에 의하여 영향을 받지 않는 것이며(2007. 5. 11. 선고 2007두1811 판결 등 참조), 나아가 현행 관광진흥법 제18조 제1항 제6호에 의하면 학교환경위생정화구역에서 관광숙박업에 관하여 소정의 절차를 거쳐 등록을 하게 되면 학교보건법 제6조에 따른 유흥시설

설치의 인정을 받은 것으로 보도록 규정되어 있어, 유흥시설 등 부대시설의 존재 여부에 대해 별다른 의미를 부여하기도 어렵다.

5) 학교보건법 및 시행령에 의하면 학교출입문으로부터 직선거리로 50m까지인 지역은 절대정화구역으로, 학교경계선으로부터 직선거리로 200m까지인 지역은 상대정화구역으로 구분되어 있는바, 이 사건 사업부지 옆에는 오래 전부터 덕성여자중학교, 덕성여자고등학교 및 풍문여자고등학교의 전통 있는 세 학교가 존재해 왔고, 이 사건 사업부지가 정화구역내에 위치하고 있음은 누구나 잘 알 수 있는 사항인데, 원고는 2008년경 이를 매수하여 소유권을 취득한 후, 정화구역에서 금지되는 시설인 이 사건 호텔을 설치하고자 사업을 진행하면서 금지시설에 관한 금지해제를 구하고 있다.

그런데 원고가 소유하고 있는 서울 종로구 송현동 49-1 일대 47필지는 원래 그 중 일부가 덕성여자중학교의 정문을 기준으로 한 절대정화구역과 풍문여자고등학교의 정문을 기준으로 한 절대정화구역에 각 저촉되었으나, 원고는 위와 같이 절대정화구역에 저촉되는 부분에 대하여는 나무를 심어 보행자 통로로 조성하거나 보행 광장을 조성한다는 계획을 수립하여 개발가능부지의 경계선을 정함으로써 이 사건 사업부지 자체가 절대정화구역에는 저촉되지 않고 상대정화구역에만 해당하게 된 것인데, 이는 절대정화구역이 '학교출입문'을 기준으로 거리를 정하고 있는 것에 비롯된 것일 뿐, 실제로 '학교 경계선'으로부터의 이격거리를 보게 되면, 풍문여자고등학교와는 노폭 약 10m의 감고당길을 사이에 두고 접하고 있어 학교 경계선까지의 최단거리가 7m에 불과하고, 덕성여자중학교와는 울타리를 사이에 두고 바로 접하고 있어 학교 경계선까지의 최단거리는 4.5m에 불과하며, 덕성여자고등학교의 학교 경계선까지의 최단거리도 11.9m에 불과하므로, 정화구역을 설정하도록 한 학교보건법의 취지에 비추어 볼 때,

이 사건 사업부지가 비록 상대정화구역에만 해당하게 되어 학교환경위생정화위원회의 심의까지 거치게 되었다고 하더라도, 학교 경계선으로부터 상당한 이격거리를 가지는 보통의 상대정화구역 내 시설의 경우보다는 엄격한 기준을 적용해야 할 것이다.

원고는 덕성여자중학교와의 경계에 수목을 심어 호텔 내부가 조망되지 않도록 하고, 이 사건 사업부지 일부를 제공하여 감고당길을 확장·정비하고 광장을 조성하여 통학에 도움을 주겠다고 주장하고 있으나, 앞서 본 바와 같이 이 사건 사업부지는 제1종 일반주거지역에 위치하고 있고, 관광진흥법 시행령 제13조 제1항 제3호는 관광숙박업 사업계획승인기준의 하나로 '일반주거지역의 관광숙박시설 및 그 시설의 위락시설은 주거환경을 보호하기 위하여 대지 안의 조경은 대지면적의 20% 이상으로 하되 대지 경계선 주위에는 다 자란 나무를 심어 인접 대지와 차단하는 수림대(樹林帶)를 조성할 것'을 규정하고 있어, 이 사건 호텔에 관한 사업계획승인을 위해서는 원래 수림대가 필요한 것이고, 보행자 통로 조성이나 보행 광장을 조성한다는 토지도 그 중 일부는 절대정화구역 저촉을 피하기 위한 것이므로, 큰 의미를 두기 어렵다.

6) 원고는, 전국적으로 77개의 관광호텔이 정화구역 내에서 영업을 하고 있고 피고가 이미 여러 차례에 걸쳐 정화구역 안에 유흥주점, 단란주점과 관광호텔 등을 금지시설에서 해제해 주었다고 주장하는바, 원고가 주장하고 있는 사례들이, 이 사건의 경우와 같이 3개의 여자 중·고등학교가 밀집되어 있는 정화구역 안에서 학교 경계선에 거의 접하고 있는 대규모 부지에서의 숙박시설에 필적할 만한 사례에 해당한다고 볼 수 없고, 달리 증거가 없다.

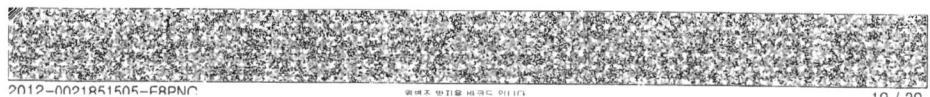

나아가, 이 사건 사업부지는 폭이 약 10m에 불과한 감고당길을 사이에 두고 풍문여자고등학교와 접하고 있고, 덕성여자중학교와는 울타리를 사이에 두고 바로

접하고 있으며, 덕성여자고등학교와는 학교 경계선까지의 최단거리가 11.9m에 불과하고, 한편, 피고는 각 사례별로 학교장들로부터 '교육환경 저해 여부 조사보고서'를 제출받음에 있어 학교와 업소설치 예정장소가 왕복 4차선 이상 도로로 이격되어 있는지를 조사하여 보고하도록 하고 있는데, 이에 비하여, 원고가 금지해제 사례로 들고 있는 서머셋팰리스의 경우에는 폭 40m의 율곡로를 사이에 두고 풍문여자고등학교와 150m 이상 떨어진 곳에 있을 뿐만 아니라 덕성여자중·고등학교와는 무관한 위치에 있고 학생들의 통학로와는 상관이 없으며, 서울 명동의 엠(M) 플라자의 경우에는 명동 상업중심지역에 위치하고 있을 뿐만 아니라 학생들의 주통학로가 아닌 일반도로에 위치하고 여러 종류의 건물로 이격되어 있어, 이 사건 호텔의 경우와는 위치, 거리, 도로 및 주변환경 등 제반 사정이 상이하므로, 이들 사례에 비추어 이 사건 처분이 형평에 반한다고 볼 수는 없다.

7) 이 사건 사업부지는 3개의 여자 중·고등학교가 밀집된 정화구역 안에서 각 학교를 기준으로 한 상대정화구역에 모두 중첩하여 해당되고, 원고의 사업계획상 이 사건 사업부지 중 가장 외곽에 설치된 호텔 전용 출입구도 상대정화구역 안에 위치하고 있다.

위 세 학교의 학생수는 합계 2,500명이 넘고, 위 세 학교의 정문이 모두 감고당길을 향해 나 있어 덕성여자중·고등학교의 학생 대부분과 풍문여자고등학교의 학생 중 절반 정도가 감고당길을 지나 통학하고 있는데, 감수성이 예민한 청소년기에 있는 위 세 학교 학생들이 통학하는 시간 동안 줄곧 이 사건 호텔의 존재를 인식하며 호기심을 느끼거나 소득격차에 따른 상대적 박탈감 또는 위화감을 가질 우려가 많다.

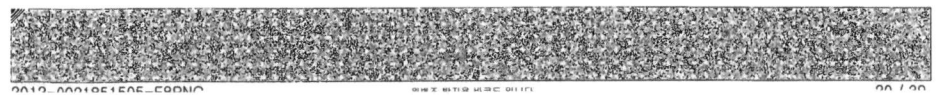

또 풍문여자고등학교의 부지는 약 13,437㎡, 덕성여자중학교의 부지는 약

7,728㎡, 덕성여자고등학교의 부지는 약 12,238㎡인데, 이 사건 사업부지는 36,642㎡로서 위 세 학교의 부지를 모두 합한 면적보다도 넓고, 한편 위 세 학교의 부지나 건물이 이 사건 호텔의 경우보다 높이가 높아 이 사건 사업부지가 세 학교에서 모두 조망된다. 설령 원고가 주장하는 바와 같은 차폐시설이 설치된다 하더라도, 위 세 학교의 학생들은 통학하는 시간은 물론이고 학교 안에서의 활동 중에도 이 사건 호텔의 존재 및 영업에 대해 인식하게 된다.

8) 한편, 관광진흥법의 규정에 의한 호텔업은 청소년고용금지업소에 해당하지만, 호텔이 청소년의 출입금지업소로 규정되어 있지는 아니하고, 또한 이 사건 호텔의 부대시설로 예정된 문화시설의 출입구가 풍문여자고등학교의 정문 바로 앞에 있기 때문에 이 사건 호텔의 이용이나 접근가능성이 매우 높다.

그런데 앞서 본 바와 같이 관광진흥법에 규정된 관광호텔업도 숙박하는 사람이 관광객이라는 것만 다를 뿐 숙박업법에서 규정한 호텔영업과 같고, 이 사건 호텔과 같은 관광호텔도 숙박시설로서 공중위생업소 및 풍속영업소에 해당하며, 원고의 주장과 같이 이 사건 호텔이 규모가 크고 시설도 최고급이며(원고가 주장하는 7성급 특급호텔이라는 것은 우리나라 법률에서 규정한 관광호텔의 등급과는 관련이 없다) 주로 외국인이나 관광객 등을 대상으로 한다고 하더라도 기본적으로 숙박시설로서 공중위생업소 및 풍속영업소의 성격 자체가 달라진다거나, 불건전한 행위가 이루어질 가능성이 매우 낮게 된다거나, 규제나 단속의 필요성이 적다고 단정할 수도 없다.

그리고 관광진흥법 제18조 제1항은 관광숙박업에 관하여 등록심의위원회의 심의를 거쳐 등록을 하면, 공중위생관리법 제3조에 따른 숙박업 등의 신고(제1호), 식품위생법 제36조에 따른 식품접객업으로서 대통령령으로 정하는 영업의 허가 또는 신고(제2호), 주세법 제8조에 따른 주류판매업의 면허 또는 신고(제3호), 학교보건법 제6조에 따른 유흥시설 설치의 인정 등을 받은 것으로 보도록 규정하고 있고, 관광진흥법 시행령 제21조는 '법 제18조 제1항 제2호에서 대통령령으로 정하는 영업이란 식품위생법 시행령 제21조 제8호 가목부터 라목까지 및 바목에 따른 휴게음식점영업·일반음식점영업·단란주점영업·유흥주점영업 및 제과점영업을 말한다'고 규정하고 있으며, 관광진흥법 제16조 제4항은 관광숙박업자가 같은 법 제15조 제1항 후단에 따라 사업계획의 변경승인을 받은 경우에는 건축법에 따른 용도변경의 허가를 받거나 신고를 한 것으로 보도록 규정하고 있으므로, 이 사건 호텔을 금지시설에서 해제하는 경우에는 향후 사실상 다수의 다양한 풍속영업소가 이 사건 호텔 내에 설치되어 운영되더라도 이를 막기 어렵다.

풍속영업의 규제에 관한 법률 제1조, 제2조 제2호, 제3조 제1호, 제1의 2호, 제2호, 제3호, 제10조의 규정 내용에 비추어 보더라도, 호텔 등 숙박시설에서 윤락행위 또는 음란행위가 이루어지거나 음란한 물건이 유통되거나 도박 등의 사행행위가 이루어질 수 있음을 전제로 하고 있고, 관광호텔은 외국인의 숙박 가능성을 전제로 등록기준을 설정하고 관광사업을 육성하고자 일반호텔보다 특혜를 주고 있는 점 등에 비추어, 학교 바로 옆에 호텔이 있을 경우, 변별력과 의지력이 미약하고 감수성이 예민한 청소년기의 여학생들로서는 호텔에서 이루어질 수 있는 행위들에 호기심을 갖기 쉽고, 그것이 계속될 경우 비행행위에 빠질 우려도 없지 아니하여, 학교의 보건·위생 및 학습환경을 저해할 우려가 있고, 그 때문에 학교보건법은 호텔, 여관 등을 정화구역내의 금지시설로 규정하고 있는 것이다.

또 관광진흥법 제19조 및 같은 법 시행령 제22조, 제66조에 의하면 관광숙박업의 등급은 관광숙박시설 이용자의 편의를 돕고 관광숙박시설 및 서비스의 수준을 효율적으로 유지·관리하기 위한 것으로서 등급에 의해 관광호텔이나 이용객의 성질이 달라진다고 볼 수 없고, 호텔을 신축하여 등록·운영하기 전까지는 그 등급을 확실히 예정할 수도 없는 것이어서, 원고가 최고급 호텔을 짓기로 했다는 계획만으로 이 사건 호텔에 관하여 일반 호텔이나 다른 관광호텔 등 숙박시설과 차이를 두어 금지시설 해제 여부를 결정해야 한다고 볼 수 없다.

9) 원고는 이 사건 호텔이 관광객의 숙박시설 부족난을 해소하고 지역경제를 활성화하는 등 긍정적 효과가 기대되고, 단순한 숙박시설이 아닌 복합문화시설로 운영될 예정이며, 감고당길도 넓혀 교통량 및 유동인구 등의 증가로 인한 통학의 불편해소에도 도움이 될 것이라고 주장하나, 이 사건 호텔에 관한 금지가 해제된다고 하여 관광객의 숙박시설 부족난이 바로 해결되는 것도 아니고, 원고가 복합문화시설로 들고 있는 시설들은 어디까지나 이 사건 호텔의 부대시설일 뿐 주된 것은 호텔로 보아야 하며(피고가 이 사건 호텔에서 문화시설을 분리하여 설치하는 것 자체를 금지하고 있는 것도 아니다), 지역경제가 활성화된다거나 감고당길의 확장과 같은 사정은 정화구역 안에서의 금지해제의 기준인 학교의 보건·위생 및 학습 환경과는 직접적 관련성이 있다고 보기 어려우므로, 원고가 주장하고 있는 위와 같은 사정들은 이 사건 처분에 관하여 고려할 기준이나 참작사유가 된다고 볼 수 없다.

이 사건 호텔을 신축공사를 하는 과정에서 소음이나 먼지가 발생하게 되고, 이 사건 호텔의 영업이 시작되면, 위 세 학교 학생들의 통학로인 감고당길을 비롯한 정화구역 내에 현재보다 통행량과 유동인구가 늘어나게 되어 학교의 보건·위생 및 학습 환경에 악영향을 끼치게 될 것임은 긍정하지 않을 수 없고, 비록 위와 같은 사정이 학교보건법 제6조 제1항의 입법취지와는 직접 관련성이 없다 하더라도, 피고가 이 사건 처분을 함에 있어 이러한 사정을 고려하였다는 점만으로 이 사건 처분이 부당하게 된다고 할 수 없다.

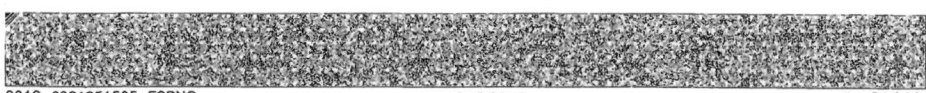

10) 원고는 이 사건 호텔의 건축으로 인하여 여러 긍정적인 효과가 기대되고, 원고가 막대한 자금을 들여 이 사건 사업부지를 매수하고 이 사건 호텔 신축을 계획하였음에도 이를 진행하지 못하게 되면 수인하기 어려운 손해를 입게 되며, 이 사건 호텔과 같은 특급관광호텔까지 금지해제를 받을 수 없다고 본다면 학교보건법 제6조 제1항 제13호가 위헌의 소지가 있으니 헌법합치적으로 해석되어야 한다고 주장하고 있으나, ① 환경은 그 특성상 순기능적으로 작용할 수도 있고 역기능적으로도 작용할 수도 있는데, 학교보건법의 입법취지나 규정들은 역기능적으로 작용할 수 있는 환경을 학교의 최소한의 범위에서 제거하자는 것인 점, ② 이 사건 사업부지 옆에는 이미 오래 전부터 전통 있는 세 학교가 존재해 왔고, 이 사건 사업부지 부분은 위 세 학교를 기준으로 하여 중첩적으로 정화구역으로 설정·고시되어 있어 이 사건 사업부지가 정화구역 내에 위치하고 있음은 누구나 잘 알 수 있는 사항인데, 원고는 이러한 사정을 잘 알고 있으면서도 2008년경 이를 매수하여 소유권을 취득한 후 정화구역에서 금지되는 시설인 이 사건 호텔을 설치하고자 사업을 진행하면서 금지시설에 관한 금지해제를 구하고 있는 점, ③ 이 사건 사업부지에는 호텔로 이용할 수 있는 건축물이 존재하는 것도 아니고 이 사건 사업부지를 관광호텔 이외의 다른 용도로 사용하는 것이 불가능한 것도 아니므로, 이 사건 사업부지에서 호텔영업이 금지됨으로써 원고가 입게 될 불이익에 비하여, 이를 금지함으로써 변별력과 의지력이 미약하고 감수성이 예민한 청소년기에 있는 2,500여 명의 여학생들의 학습환경과 학교보건위생을 보호하고 이들로 하여금 건

전하고 조화로운 인격을 형성할 수 있도록 하며 학교 교육의 능률화를 기하고자 하는 공익이 결코 작다고 볼 수 없는 점, ④ 이 사건 호텔은 기본적으로 숙박업소로서 여관이나 일반 호텔과 유사한 법적·사회적 성격을 가지고 있는바, 학교보건법 제6조 제1항 제13호의 '여관'이나 '호텔' 부분이 입법목적이나 수단의 적정성, 침해의 최소성, 법익균형성의 원칙에 위배된다고 볼 수 없어 비례의 원칙을 위반하여 직업의 자유 및 재산권을 침해한 것으로 볼 수 없는 점(헌법재판소 2011. 10. 25. 선고 2010헌바384 결정, 헌법재판소 2006. 3. 30. 선고 2005헌바110 결정 등 참조) 등에 비추어 보면, 이 사건 처분으로 인하여 원고가 입게 될 재산상의 불이익이 이 사건 처분으로 달성하려는 공익보다 더 크다고 볼 수 없다.

3. 결론

그렇다면, 원고의 이 사건 청구는 이유 없어 기각할 것인바, 제1심 판결은 이와 결론을 같이하여 정당하므로 원고의 항소를 기각하기로 하여, 주문과 같이 판결한다.

재판장 판사 조인호 ______________________

판사 반정모 ______________________

판사 이영풍 ______________________

관계 법령

▣ 학교보건법(1981. 2. 28. 법률 제3374호로 개정된 것)

제6조 (정화구역안에서의 금지행위 등)

① 누구든지 학교환경위생정화구역안에서는 다음 각 호의 1에 해당하는 행위 및 시설을 하여서는 아니된다. 다만, 대통령령으로 정하는 구역 안에서는 제2호, 제4호, 제8호 및 제10호 내지 제14호에 규정한 행위 및 시설 중 서울특별시·부산시 및 도교육위원회교육감 또는 교육감이 지정하는 자가 학교환경위생정화위원회의 심의를 거쳐 학습과 학교보건위생에 나쁜 영향을 주지 않는다고 인정하는 행위 및 시설은 제외한다.

11. 호텔, 여관, 여인숙
14. 기타 제1호 내지 제13호와 유사한 행위 및 시설과 미풍양속을 해하는 행위 및 시설로서 대통령령으로 정하는 행위 및 시설

▣ 학교보건법(2007. 12. 14. 법률 제8678호로 개정된 것)

제1조(목적)

이 법은 학교의 보건관리와 환경위생 정화에 필요한 사항을 규정하여 학생과 교직원의 건강을 보호·증진함을 목적으로 한다.

제5조(학교환경위생 정화구역의 설정)

① 학교의 보건·위생 및 학습 환경을 보호하기 위하여 교육감은 대통령령으로 정하는 바에 따라 학교환경위생 정화구역을 설정·고시하여야 한다. 이 경우 학교환경위생 정화구역은 학교 경계선이나 학교설립예정지 경계선으로부터 200미터를 넘을 수 없다.

③ 교육감은 제2항에 따라 학교설립예정지가 통보된 날부터 30일 이내에 제1항에 따른 학교환경위생 정화구역을 설정·고시하여야 한다.

⑤ 제1항에 따른 교육감의 권한은 대통령령으로 정하는 바에 따라 교육장에게 위임할 수 있다.

제6조(학교환경위생 정화구역에서의 금지행위 등)

① 누구든지 학교환경위생 정화구역에서는 다음 각 호의 어느 하나에 해당하는 행위 및 시설을 하여서는 아니 된다. 다만, 대통령령으로 정하는 구역에서는 제2호, 제3호, 제6호, 제10호, 제12호부터 제18호까지와 제20호에 규정된 행위 및 시설 중 교육감이나 교육감이 위임한 자가 학교환경위생정화위원회의 심의를 거쳐 학습과 학교보건위생에 나쁜 영향을 주지 아니한다고 인정하는 행위 및 시설은 제외한다.

12. 주로 주류를 판매하면서 손님이 노래를 부르는 행위가 허용되는 영업과 위와 같은 행위 외에 유흥종사자를 두거나 유흥시설을 설치할 수 있고 손님이 춤을 추는 행위가 허용되는 영업
13. 호텔, 여관, 여인숙

제19조(벌칙)

제6조 제1항을 위반하여 학교환경위생 정화구역에서 금지된 행위 또는 시설을 한 자는 2년 이하의 징역 또는 2천만 원 이하의 벌금에 처한다.

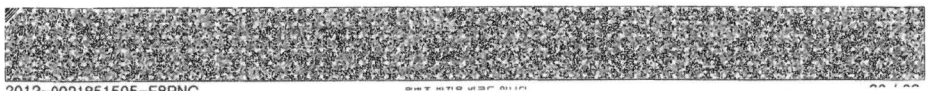

■ 학교보건법 시행령

제3조 (학교환경위생 정화구역)

① 법 제5조 제1항에 따라 교육감이 학교환경위생 정화구역(이하 "정화구역"이라 한다)을 설정할 때에는 절대정화구역과 상대정화구역으로 구분하여 설정하되, 절대정화구역은 학교출입문(학교설립예정지의 경우에는 설립될 학교의 출입문 설치 예정 위치를 말한다)으로부터 직선거리로 50미터까지인 지역으로 하고, 상대정화구역은 학교경계선 또는 학교설립예정지경계선으로부터 직선거리로 200미터까지인 지역 중 절대정화구역을 제외한 지역으로 한다.

② 교육감은 제1항에 따라 정화구역을 설정하였을 때에는 그에 관한 사항을 시장(행정시의 시장을 포함한다)·군수 또는 구청장(자치구의 구청장을 말한다)에게 알리고, 그 설정일자 및 설정구역을 고시하여야 한다.

③ 교육감은 제2항에 따라 정화구역을 고시할 때에는 다음 사항을 포함하여야 하고, 게시판 또는 인터넷 등을 이용하여 그 내용을 국민에게 공개하여야 한다.

1. 정화구역의 위치 및 면적
2. 정화구역이 표시된 지적도면

제4조 (정화구역의 관리)

① 제3조에 따라 설정된 정화구역은 정화구역이 설정된 해당 학교의 장이 관리한다. 다만, 학교설립예정지의 경우에는 학교가 개교하기 전까지는 정화구역을 설정한 자가 관리한다.

② 학교 간에 정화구역이 서로 중복되는 경우에는 다음 각 호에 해당하는 학교의 장이 그 중복된 구역을 관리한다.

1. 상·하급 학교 간에 정화구역이 서로 중복될 경우에는 하급학교. 다만, 하급학교가 유치원인 경우에는 그 상급학교
2. 같은 급의 학교 간에 정화구역이 서로 중복될 경우에는 학생수가 많은 학교

③ 학교 간에 절대정화구역과 상대정화구역이 서로 중복될 경우에는 제2항에도 불구하고 절대정화구역이 설정된 학교의 장이 이를 관리한다.

제5조 (제한이 완화되는 구역)

법 제6조 제1항 각 호 외의 부분 단서에서 "대통령령으로 정하는 구역"이란 제3조 제1항에 따른 상대정화구역(법 제6조 제1항 제14호에 따른 당구장 시설을 하는 경우에는 절대정화구역을 포함한 정화구역 전체)을 말한다.

■ 학교보건법 시행규칙(1976. 1. 10. 문교부령 제376호로 개정되어 1982. 2. 8. 문교부령 제499호로 폐지되기 전의 것)

제2조 (정화구역안의 금지행위)

영 제4조의 규정에 의하여 학습에 지장이 되는 행위, 학교보건위생에 영향을 끼치는 비위생적 시설 및 행위의 범위는 다음과 같다. 다만, 제1호를 제외한 시설 및 행위로서 서울특별시·부산시·도의 교육위원회의 교육감이 당해자치단체의 학교환경정화위원회의 심의를 거쳐 학습 또는 학교보건위생에 나쁜 영향

을 끼치지 아니한다고 인정하는 것은 제외한다.

2. 식품위생법시행령 제9조 제1호 내지 제3호에 규정된 영업장소에서 주류를 취급하는 행위와 동조 제4호 내지 제7호에 규정된 영업 및 숙박업법의 규정에 의한 호텔, 여관 및 여인숙 영업

▣ 학교보건법 시행규칙(2008. 8. 4. 교육과학기술부령 제12호로 개정된 것)

제4조(학교환경위생정화구역안에서의 점검 등)

① 영 제3조 제1항 및 제4조 제1항에 따라 학교환경위생정화구역(이하 "정화구역"이라 한다)을 설정하거나 관리하는 자는 정화구역 안에서의 금지행위 및 시설을 방지하기 위하여 필요한 점검을 실시하여야 한다.

② 정화구역의 관리자는 제1항에 따라 점검을 실시한 때에는 그 점검결과를 교육장에게 보고하고, 법 제6조 제1항 및 영 제6조 각 호에 따른 금지행위 및 시설의 현황에 관한 자료를 작성·비치하여야 한다.

③ 제1항 또는 제2항에 따른 점검의 시기 또는 보고 등에 필요한 사항은 교육감이 정한다.

제5조(정화구역안에서의 금지행위 및 시설해제신청 등)

① 법 제6조 제1항 단서에 따라 정화구역 안의 금지행위 및 시설에 대한 해제를 받고자 하는 자는 별지 제1호 서식의 학교환경위생정화구역내금지행위 및 시설해제신청서에 다음 각 호의 서류를 첨부하여 해당 교육장에게 제출하여야 한다.

1. 건축물대장 또는 건축설계도면
2. 토지이용계획확인서
3. 주변약도(해당학교와 신청지가 연결된 약도를 말한다)

② 제1항에 따라 신청서를 제출받은 교육장은 법 제6조 제1항 단서에 따라 금지행위 및 시설의 해제 여부를 결정하고, 그 결과를 신청인에게 별지 제2호서식에 따라 통보하여야 하며, 영 제4조에 따라 정화구역을 관리하는 자 관련 행정기관에 송부할 수 있다.

③ 교육장은 제2항에 따라 금지행위 및 시설의 해제 여부에 대한 결과를 통보한 때에는 별지 제3호서식의 관리대장을 작성·보관하여야 한다.

▣ 풍속영업의 규제에 관한 법률(2010. 7. 23. 법률 제10377호로 개정되기 전의 것)

제1조 (목적)

이 법은 풍속영업을 영위하는 장소에서의 선량한 풍속을 해하거나 청소년의 건전한 육성을 저해하는 행위 등을 규제하여 미풍양속의 보존과 청소년의 보호에 이바지함을 목적으로 한다.

제2조 (풍속영업의 범위)

이 법에서 "풍속영업"이라 함은 다음 각 호의 1에 해당하는 영업을 말한다.

2. 공중위생관리법 제2조 제1항 제2호 내지 제4호의 규정에 의한 숙박업, 이용업, 목욕장업 중 대통령령으로 정하는 것

제3조 (준수사항)

풍속영업을 영위하는 자(허가 또는 인가를 받지 아니하거나 등록 또는 신고를 하지 아니하고 풍속영업을 영위하는 자를 포함하며, 이하 "풍속영업자"라 한다) 및 대통령령으로 정하는 종사자는 다음 각 호의 사항을 지켜야 한다.

1. 풍속영업을 영위하는 장소(이하 "풍속영업소"라 한다)에서 「성매매알선 등 행위의 처벌에 관한 법률」 제2조 제1항 제2호의 규정에 따른 성매매알선 등 행위를 하여서는 아니 된다.

1의2. 풍속영업소에서 음란행위를 하게 하거나 이를 알선 또는 제공하여서는 아니 된다.

2. 풍속영업소에서 음란한 문서·도화·영화·음반·비디오물 기타 물건(이하 "음란한 물건"이라 한다)을 반포·판매·대여하거나 이를 하게 하는 행위와 음란한 물건을 관람·열람하게 하는 행위 및 반포·판매·대여·관람·열람의 목적으로 음란한 물건을 진열 또는 보관하여서는 아니 된다.

3. 풍속영업소에서 도박 기타 사행행위를 하게 하여서는 아니 된다.

제10조(벌칙)

① 제3조 제1호의 규정을 위반한 자는 3년 이하의 징역 또는 3천만원 이하의 벌금에 처한다.

② 제3조 제1호의2 · 제2호 및 제3호의 규정을 위반한 자는 3년 이하의 징역 또는 2천만원 이하의 벌금에 처한다.

■ 공중위생관리법

제2조(정의)

① 이 법에서 사용하는 용어의 정의는 다음과 같다.

1. "공중위생영업"이라 함은 다수인을 대상으로 위생관리서비스를 제공하는 영업으로서 숙박업 · 목욕장업 · 이용업 · 미용업 · 세탁업 · 위생관리용역업을 말한다.

2. "숙박업"이라 함은 손님이 잠을 자고 머물 수 있도록 시설 및 설비 등의 서비스를 제공하는 영업을 말한다. 다만, 농어촌에 소재하는 민박 등 대통령령이 정하는 경우를 제외한다.

② 제1항 제2호 내지 제7호의 영업은 대통령령이 정하는 바에 의하여 이를 세분할 수 있다.

제3조(공중위생영업의 신고 및 폐업신고)

① 공중위생영업을 하고자 하는 자는 공중위생영업의 종류별로 보건복지부령이 정하는 시설 및 설비를 갖추고 시장 · 군수 · 구청장(자치구의 구청장에 한한다. 이하 같다)에게 신고하여야 한다. 보건복지부령이 정하는 중요사항을 변경하고자 하는 때에도 또한 같다.

③ 제1항 및 제2항의 규정에 의한 신고의 방법 및 절차 등에 관하여 필요한 사항은 보건복지부령으로 정한다.

제9조(보고 및 출입 · 검사)

① 특별시장 · 광역시장 · 도지사(이하 "시 · 도지사"라 한다) 또는 시장 · 군수 · 구청장은 공중위생관리상 필요하다고 인정하는 때에는 공중위생영업자 및 공중이용시설의 소유자 등에 대하여 필요한 보고를 하게 하거나 소속공무원으로 하여금 영업소 · 사무소 · 공중이용시설 등에 출입하여 공중위생영업자의 위생관리의무이행 및 공중이용시설의 위생관리실태 등에 대하여 검사하게 하거나 필요에 따라 공중위생영업장부나 서류를 열람하게 할 수 있다.

③ 제1항의 규정을 적용함에 있어서 관광진흥법 제4조 제2항의 규정에 의하여 등록한 관광숙박업(이하 "관광숙박업"이라 한다)의 경우에는 당해 관광숙박업의 관할행정기관의 장과 사전에 협의하여야 한다. 다만, 보건위생관리상 위해요인을 방지하기 위하여 긴급한 사유가 있는 경우에는 그러하지 아니하다.

제11조(공중위생영업소의 폐쇄 등)

① 시장·군수·구청장은 공중위생영업자가 이 법 또는 이 법에 의한 명령에 위반하거나 또는 「성매매알선 등 행위의 처벌에 관한 법률」·「풍속영업의 규제에 관한 법률」·「청소년보호법」·「의료법」에 위반하여 관계행정기관의 장의 요청이 있는 때에는 6월 이내의 기간을 정하여 영업의 정지 또는 일부 시설의 사용중지를 명하거나 영업소폐쇄 등을 명할 수 있다. 다만, 관광숙박업의 경우에는 당해 관광숙박업의 관할행정기관의 장과 미리 협의하여야 한다.

제13조(위생서비스수준의 평가)

① 시·도지사는 공중위생영업소(관광숙박업의 경우를 제외한다. 이하 이 조에서 같다)의 위생관리수준을 향상시키기 위하여 위생서비스평가계획(이하 "평가계획"이라 한다)을 수립하여 시장·군수·구청장에게 통보하여야 한다.

▣ 공중위생관리법 시행령(2011. 12. 30. 대통령령 제23451호로 개정되기 전의 것)

제2조(적용제외 대상)

① 「공중위생관리법」(이하 "법"이라 한다) 제2조 제1항 제2호 단서의 규정에 의하여 숙박업에서 제외되는 시설은 다음 각 호와 같다.

1. 「농어촌정비법」에 따른 농어촌민박사업용 시설
2. 「산림문화·휴양에 관한 법률」에 따라 자연휴양림 안에 설치된 시설
3. 「청소년활동진흥법」 제10조 제1호에 의한 청소년 수련시설

▣ 관광사업진흥법(1961. 8. 22. 법률 제689호로 제정되어 1963. 3. 5. 법률 제1296호로 개정되기 전의 것)

제1조 (목적)

본법은 관광객의 유치 및 접대와 관광에 관한 시설 및 선전 기타 필요한 사항을 규정함으로써 관광사업의 진흥을 도모함을 목적으로 한다.

제2조 (정의)

⑥ 본법에서 관광호텔업이라 함은 외국인관광객의 숙박에 적합한 구조 및 설비를 갖춘 시설에서 관광호텔 또는 이와 유사한 명칭을 사용하여 사람을 숙박시키고 음식을 제공하는 업을 말한다.

⑦ 본법에서 관광시설업이라 함은 관광호텔 이외에 외국인의 숙박, 휴양, 오락 또는 음식에 적합한 구조 및 설비를 갖춘 시설에서 외국인의 관광에 편의를 제공하는 업을 말한다.

제21조 (등록)

① 관광호텔업(이에 관련된 관광시설업을 포함한다. 이하 본장에서 같다)을 경영하고자 하는 자는 교통부령의 정하는 절차에 의하여 호텔 또는 시설별로 교통부장관이 행하는 등록을 받아야 한다.

■ 관광진흥법(2011. 4. 5. 개정되어 2011. 7. 6. 시행되기 전의 것)

제1조(목적)

이 법은 관광 여건을 조성하고 관광자원을 개발하며 관광사업을 육성하여 관광 진흥에 이바지하는 것을 목적으로 한다.

제2조(정의)

이 법에서 사용하는 용어의 뜻은 다음과 같다.

1. "관광사업"이란 관광객을 위하여 운송·숙박·음식·운동·오락·휴양 또는 용역을 제공하거나 그 밖에 관광에 딸린 시설을 갖추어 이를 이용하게 하는 업(業)을 말한다.
2. "관광사업자"란 관광사업을 경영하기 위하여 등록·허가 또는 지정(이하 "등록등"이라 한다)을 받거나 신고를 한 자를 말한다.

제3조(관광사업의 종류)

① 관광사업의 종류는 다음 각 호와 같다.

2. 관광숙박업 : 다음 각 목에서 규정하는 업
   가. 호텔업 : 관광객의 숙박에 적합한 시설을 갖추어 이를 관광객에게 제공하거나 숙박에 딸리는 음식·운동·오락·휴양·공연 또는 연수에 적합한 시설 등을 함께 갖추어 이를 이용하게 하는 업
   나. 휴양 콘도미니엄업 : 관광객의 숙박과 취사에 적합한 시설을 갖추어 이를 그 시설의 회원이나 공유자, 그 밖의 관광객에게 제공하거나 숙박에 딸리는 음식·운동·오락·휴양·공연 또는 연수에 적합한 시설 등을 함께 갖추어 이를 이용하게 하는 업

② 제1항 제1호부터 제4호까지, 제6호 및 제7호에 따른 관광사업은 대통령령으로 정하는 바에 따라 세분할 수 있다.

제4조(등록)

① 제3조 제1항 제1호부터 제4호까지의 규정에 따른 여행업, 관광숙박업, 관광객 이용시설업 및 국제회의업을 경영하려는 자는 특별자치도지사·시장·군수·구청장(자치구의 구청장을 말한다. 이하 같다)에게 등록하여야 한다.

③ 제1항에 따른 등록을 하려는 자는 대통령령으로 정하는 자본금·시설 및 설비 등을 갖추어야 한다.

④ 제1항에 따라 등록한 사항 중 대통령령으로 정하는 중요 사항을 변경하려면 변경등록을 하여야 한다.

⑤ 제1항 및 제4항에 따른 등록 또는 변경등록의 절차 등에 필요한 사항은 문화체육관광부령으로 정한다.

제15조(사업계획의 승인)

① 관광숙박업을 경영하려는 자는 제4조 제1항에 따른 등록을 하기 전에 그 사업에 대한 사업계획을 작성하여 특별자치도지사·시장·군수·구청장의 승인을 받아야 한다. 승인을 받은 사업계획 중 부지, 대지 면적, 건축 연면적의 일정 규모 이상의 변경 등 대통령령으로 정하는 사항을 변경하려는 경우에도 또한 같다.

② 대통령령으로 정하는 관광객 이용시설업이나 국제회의업을 경영하려는 자는 제4조 제1항에 따른 등

록을 하기 전에 그 사업에 대한 사업계획을 작성하여 특별자치도지사·시장·군수·구청장의 승인을 받을 수 있다. 승인을 받은 사업계획 중 부지, 대지 면적, 건축 연면적의 일정 규모 이상의 변경 등 대통령령으로 정하는 사항을 변경하려는 경우에도 또한 같다.

③ 제1항과 제2항에 따른 사업계획의 승인 또는 변경승인의 기준·절차 등에 필요한 사항은 대통령령으로 정한다.

제16조(사업계획 승인 시의 인·허가 의제 등)

③ 특별자치도지사·시장·군수·구청장은 제15조 제1항 및 제2항에 따른 사업계획의 변경승인을 하려는 경우 건축물의 용도변경이 포함되어 있으면 미리 소관 행정기관의 장과 협의하여야 한다.

④ 관광사업자(관광숙박업만 해당한다)가 제15조 제1항 후단에 따라 사업계획의 변경승인을 받은 경우에는 「건축법」에 따른 용도변경의 허가를 받거나 신고를 한 것으로 본다.

⑤ 제15조 제1항에 따른 사업계획의 승인 또는 변경승인을 받은 경우 그 사업계획에 따른 관광숙박시설 및 그 시설 안의 위락시설로서 「국토의 계획 및 이용에 관한 법률」에 따라 지정된 다음 각 호의 용도지역의 시설에 대하여는 같은 법 제76조 제1항을 적용하지 아니한다. 다만, 주거지역에서는 주거환경의 보호를 위하여 대통령령으로 정하는 사업계획승인기준에 맞는 경우에 한한다.

1. 상업지역
2. 주거지역·공업지역 및 녹지지역 중 대통령령으로 정하는 지역

제17조(관광숙박업 등의 등록심의위원회)

① 제4조 제1항에 따른 관광숙박업 및 대통령령으로 정하는 관광객 이용시설업이나 국제회의업의 등록(등록 사항의 변경을 포함한다. 이하 이 조에서 같다)에 관한 사항을 심의하기 위하여 특별자치도지사·시장·군수·구청장(권한이 위임된 경우에는 그 위임을 받은 기관을 말한다. 이하 이 조 및 제18조에서 같다) 소속으로 관광숙박업 및 관광객 이용시설업 등록심의위원회(이하 "위원회"라 한다)를 둔다.

② 위원회는 위원장과 부위원장 각 1명을 포함한 위원 10명 이내로 구성하되, 위원장은 특별자치도·시·군·구(자치구만 해당한다. 이하 같다)의 부지사·부시장·부군수·부구청장이 되고, 부위원장은 위원 중에서 위원장이 지정하는 자가 되며, 위원은 제18조 제1항 각 호에 따른 신고 또는 인·허가 등의 소관 기관의 직원이 된다.

③ 위원회는 다음 각 호의 사항을 심의한다.

1. 관광숙박업 및 대통령령으로 정하는 관광객 이용시설업이나 국제회의업의 등록기준 등에 관한 사항
2. 제18조 제1항 각 호에서 정한 사업이 관계 법령상 신고 또는 인·허가 등의 요건에 해당하는지에 관한 사항

④ 특별자치도지사·시장·군수·구청장은 제1항에 따른 관광숙박업, 관광객 이용시설업, 국제회의업의 등록을 하려면 미리 위원회의 심의를 거쳐야 한다. 다만, 대통령령으로 정하는 경미한 사항의 변경에 관하여는 위원회의 심의를 거치지 아니할 수 있다.

⑤ 위원회의 구성·운영이나 그 밖에 위원회에 필요한 사항은 대통령령으로 정한다.

제18조(등록 시의 신고·허가 의제 등)

① 특별자치도지사·시장·군수·구청장이 위원회의 심의를 거쳐 등록을 하면 그 관광사업자는 다음 각 호의 신고를 하였거나 인·허가 등을 받은 것으로 본다.

1. 「공중위생관리법」 제3조에 따른 숙박업·목욕장업·이용업·미용업 또는 세탁업의 신고
2. 「식품위생법」 제36조에 따른 식품접객업으로서 대통령령으로 정하는 영업의 허가 또는 신고
3. 「주세법」 제8조에 따른 주류판매업의 면허 또는 신고
4. 「외국환거래법」 제8조제3항에 따른 환전업무의 등록
5. 「담배사업법」 제16조에 따른 담배소매인의 지정
6. 「학교보건법」 제6조에 따른 유흥시설 설치의 인정(학교환경위생정화구역에서 관광숙박업 및 관광객 이용시설업을 경영하려는 경우만 해당한다)
7. 「체육시설의 설치·이용에 관한 법률」 제10조에 따른 신고 체육시설업으로서 같은 법 제20조에 따른 체육시설업의 신고

② 특별자치도지사·시장·군수·구청장은 제1항에 따라 관광숙박업, 관광객 이용시설업 및 국제회의업의 등록을 한 때에는 지체 없이 제1항 각 호의 신고 또는 인·허가 등의 소관 행정기관의 장에게 그 내용을 통보하여야 한다.

제19조(관광숙박업의 등급)

① 문화체육관광부장관은 관광숙박시설 이용자의 편의를 돕고, 관광숙박시설 및 서비스의 수준을 효율적으로 유지·관리하기 위하여 관광숙박업에 대한 등급을 정할 수 있다.

② 제1항에 따른 관광숙박업의 등급을 정하는 데 필요한 사항은 대통령령으로 정한다.

▣ 관광진흥법 시행령

제2조(관광사업의 종류)

①「관광진흥법」(이하 "법"이라 한다) 제3조 제2항에 따라 관광사업의 종류를 다음과 같이 세분한다.

2. 호텔업의 종류
   가. 관광호텔업 : 관광객의 숙박에 적합한 시설을 갖추어 관광객에게 이용하게 하고 숙박에 딸린 음식·운동·오락·휴양·공연 또는 연수에 적합한 시설 등(이하 "부대시설"이라 한다)을 함께 갖추어 관광객에게 이용하게 하는 업(業)
   나. 수상관광호텔업 : 수상에 구조물 또는 선박을 고정하거나 매어 놓고 관광객의 숙박에 적합한 시설을 갖추거나 부대시설을 함께 갖추어 관광객에게 이용하게 하는 업
   다. 한국전통호텔업 : 한국전통의 건축물에 관광객의 숙박에 적합한 시설을 갖추거나 부대시설을 함께 갖추어 관광객에게 이용하게 하는 업
   라. 가족호텔업 : 가족단위 관광객의 숙박에 적합한 시설 및 취사도구를 갖추어 관광객에게 이용하게 하거나 숙박에 딸린 음식·운동·휴양 또는 연수에 적합한 시설을 함께 갖추어 관광객에게 이용하게 하는 업
   마. 호스텔업: 배낭여행객 등 개별 관광객의 숙박에 적합한 시설로서 샤워장, 취사장 등의 편의시설과 외국인 및 내국인 관광객을 위한 문화·정보 교류시설 등을 함께 갖추어 이용하게 하는 업

제3조(등록절차)

① 법 제4조 제1항에 따라 등록을 하려는 자는 문화체육관광부령으로 정하는 바에 따라 관광사업 등록신청서를 특별자치도지사·시장·군수·구청장(자치구의 구청장을 말한다. 이하 같다)에게 제출하여야 한다.

② 특별자치도지사·시장·군수·구청장은 법 제17조에 따른 관광숙박업 및 관광객 이용시설업 등록심의위원회의 심의를 거쳐야 할 관광사업의 경우에는 그 심의를 거쳐 등록 여부를 결정한다.

제4조(등록증의 발급)

① 제3조에 따라 등록신청을 받은 특별자치도지사·시장·군수·구청장은 신청한 사항이 제5조에 따른 등록기준에 맞으면 문화체육관광부령으로 정하는 등록증을 신청인에게 발급하여야 한다.

② 특별자치도지사·시장·군수·구청장은 제1항에 따른 등록증을 발급하려면 법 제18조 제1항에 따라 의제되는 인·허가증을 한꺼번에 발급할 수 있도록 해당 인·허가기관의 장에게 인·허가증의 송부를 요청할 수 있다.

제5조(등록기준)

법 제4조 제3항에 따른 관광사업의 등록기준은 별표 1과 같다.

제6조(변경등록)

① 법 제4조 제4항에 따른 변경등록사항은 다음 각 호와 같다.

1. 사업계획의 변경승인을 받은 사항(사업계획의 승인을 받은 관광사업만 해당한다)
2. 상호 또는 대표자의 변경
3. 객실 수 및 형태의 변경(휴양 콘도미니엄업을 제외한 관광숙박업만 해당한다)
4. 부대시설의 위치·면적 및 종류의 변경(관광숙박업만 해당한다)
5. 여행업의 경우에는 사무실 소재지의 변경 및 영업소의 신설, 국제회의기획업의 경우에는 사무실 소재지의 변경

② 제1항에 따른 변경등록을 하려는 자는 그 변경사유가 발생한 날부터 30일 이내에 문화체육관광부령으로 정하는 바에 따라 변경등록신청서를 특별자치도지사·시장·군수·구청장에게 제출하여야 한다. 다만, 제1항 제5호의 변경등록사항 중 사무실 소재지를 변경한 경우에는 변경등록신청서를 새로운 소재지의 관할 특별자치도지사·시장·군수·구청장에게 제출할 수 있다.

제10조(사업계획의 승인신청 등)

① 법 제15조 제1항 및 제2항에 따라 관광호텔업·수상관광호텔업·한국전통호텔업·가족호텔업·호스텔업과 휴양 콘도미니엄업 및 제12조 각 호의 어느 하나에 해당하는 관광사업의 사업계획(이하 "사업계획"이라 한다) 승인을 받으려는 자는 문화체육관광부령으로 정하는 바에 따라 사업계획 승인신청서를 특별자치도지사·시장·군수·구청장에게 제출하여야 한다.

③ 제1항과 제2항에 따라 사업계획의 승인 또는 변경승인신청서를 접수한 특별자치도지사·시장·군수·구청장은 해당 관광사업이 법 제16조제1항에 따라 인·허가 등이 의제되는 사업인 경우에는 같은 조 제2항에 따라 소관 행정기관의 장과 협의하여야 한다.

제13조(사업계획 승인기준)

① 법 제15조에 따른 사업계획의 승인 및 변경승인의 기준은 다음 각 호와 같다.

1. 사업계획의 내용이 관계 법령의 규정에 적합할 것
2. 사업계획의 시행에 필요한 자금을 조달할 능력 및 방안이 있을 것
3. 일반 주거지역의 관광숙박시설 및 그 시설의 위락시설은 주거환경을 보호하기 위하여 다음 각 목의 기준에 맞아야 하고, 준주거지역의 경우에는 다목의 기준에 맞을 것. 다만, 일반 주거지역에서의 사업계획의 변경승인(신축 또는 기존 건축물 전부를 철거하고 다시 축조하는 개축을 하는 경우는 포함하지 아니한다)의 경우에는 가목의 기준을 적용하지 아니한다.
   가. 대지가 폭 12미터 이상의 도로에 4미터 이상 연접할 것. 다만, 특별자치도·시·군·구(자치구를 말한다. 이하 같다)는 주거환경을 보호하기 위하여 필요하면 지역 특성을 고려하여 조례로 이 기준을 강화할 수 있다.
   나. 건축물 각 부분의 높이는 그 부분으로부터 그 건물의 채광을 위하여 설치하는 창이나 문이 향하는 방향으로 인접된 대지의 경계선[대지와 대지 사이가 공원·광장·도로·하천이나 그 밖의 건축이 허용되지 아니하는 공지(空地)인 경우에는 그 인접된 대지의 반대편 경계선을 말한다]까지의 수평거리의 두 배를 초과하지 아니할 것
   다. 소음 공해를 유발하는 시설은 지하층에 설치하거나 그 밖의 방법으로 주변의 주거환경을 해치지 아니하도록 할 것
   라. 대지 안의 조경은 대지면적의 20퍼센트 이상으로 하되, 대지 경계선 주위에는 다 자란 나무를 심어 인접 대지와 차단하는 수림대(樹林帶)를 조성할 것

제14조(관광숙박시설 건축지역)

법 제16조 제5항 제2호에서 "대통령령으로 정하는 지역"이란 다음 각 호의 지역을 말한다.

1. 일반주거지역
2. 준주거지역
3. 준공업지역
4. 자연녹지지역

제15조(위원장의 직무 등)

① 법 제17조 제1항에 따른 관광숙박업 및 관광객 이용시설업 등록심의위원회(이하 "위원회"라 한다) 위원장은 위원회를 대표하고, 위원회의 직무를 총괄한다.

② 부위원장은 위원장을 보좌하고, 위원장이 부득이한 사유로 직무를 수행할 수 없을 때에는 그 직무를 대행한다.

제16조(회의)

① 위원장은 위원회의 회의를 소집하고 그 의장이 된다.

② 회의는 재적위원 3분의 2 이상의 출석과 출석위원 3분의 2 이상의 찬성으로 의결한다.

제20조(등록심의대상 관광사업)

② 법 제17조 제4항 단서에서 "대통령령으로 정하는 경미한 사항의 변경"이란 법 제17조 제3항에 따른 심의사항의 변경 중 관계되는 기관이 둘 이하인 경우의 심의사항 변경을 말한다.

제21조(인·허가 등을 받은 것으로 보는 영업)

법 제18조 제1항 제2호에서 "대통령령으로 정하는 영업"이란 「식품위생법 시행령」 제21조 제8호 가목부터 라목까지 및 바목에 따른 휴게음식점영업·일반음식점영업·단란주점영업·유흥주점영업 및 제과점영업을 말한다.

제22조(호텔업의 등급 결정)

① 법 제19조에 따른 관광숙박업 중 호텔업의 등급은 특1등급·특2등급·1등급·2등급 및 3등급으로 구분한다.

② 문화체육관광부장관은 제1항에 따른 등급 결정을 위하여 필요한 경우에는 관계 전문가에게 호텔업의 시설 및 운영 실태를 조사하도록 의뢰할 수 있다.

③ 제1항에 따른 등급 결정 기준 및 절차 등에 관하여 필요한 사항은 문화체육관광부령으로 정한다.

제66조(등급결정 권한의 위탁)

① 문화체육관광부장관은 법 제80조 제3항 제2호에 따라 법 제19조 제1항에 따른 호텔업의 등급결정권을 다음 각 호의 요건을 모두 갖춘 법인 중 문화체육관광부장관에게 등록한 법인에 위탁한다. 이 경우 문화체육관광부장관은 등급결정권을 위탁한 법인의 명칭·주소 및 대표자 등을 고시하여야 한다.

1. 비영리법인일 것
2. 관광숙박업의 육성과 서비스 개선 등에 관한 연구 및 계몽활동 등을 하는 법인일 것
3. 문화체육관광부령으로 정하는 기준에 맞는 자격을 가진 평가요원을 평가요소별로 10명 이상 확보하고 있을 것

② 제1항에 따른 수탁기관의 등록 및 등록취소에 관한 사항은 문화체육관광부장관이 정하여 고시한다.

[별표 1] 관광사업의 등록기준(제5조 관련)

2. 호텔업

가. 관광호텔업

(1) 욕실이나 샤워시설을 갖춘 객실을 30실 이상 갖추고 있을 것

(2) 외국인에게 서비스를 제공할 수 있는 체제를 갖추고 있을 것

(3) 대지 및 건물의 소유권 또는 사용권을 확보하고 있을 것. 다만, 회원을 모집하는 경우에는 소유권을 확보하여야 한다.

▣ 청소년보호법

제2조(정의)

이 법에서 사용하는 용어의 정의는 다음과 같다.

1. "청소년"이라 함은 만 19세 미만의 자를 말한다. 다만, 만 19세에 도달하는 해의 1월 1일을 맞이한 자를 제외한다.
5. "청소년유해업소"라 함은 청소년의 출입과 고용이 청소년에게 유해한 것으로 인정되는 다음 가목의 어느 하나에 해당하는 업소(이하 "청소년출입 · 고용금지업소"라 한다)와 청소년의 출입은 가능하나 고용은 유해한 것으로 인정되는 다음 나목의 어느 하나에 해당하는 업소(이하 "청소년고용금지업소

호프 · 카페 등의 영업형태로 운영되는 영업

⑤ 법 제2조 제5호 나목(2)에서 "숙박업, 이용업, 목욕장업 중 대통령령으로 정하는 것"이라 함은 다음 각 호의 어느 하나에 해당하는 영업을 말한다.

1. 숙박업. 다만, 「관광진흥법」의 규정에 의한 휴양콘도미니엄업과 「농어촌정비법」 또는 「국제회의산업 육성에 관한 법률」의 적용을 받는 숙박시설에 의한 숙박업을 제외한다.

⑥ 법 제2조 제5호 나목(3)에서 "대통령령이 정하는 영업"이란 다음 각 호의 것을 말한다.

1. 「영화 및 비디오물의 진흥에 관한 법률」 제2조 제16호 나목에 따른 비디오물소극장업
2. 「게임산업진흥에 관한 법률」 제2조 제6호에 따른 게임제공업
3. 「게임산업진흥에 관한 법률」 제2조 제8호에 따른 복합유통게임제공업

▣ 건축법

제1조(목적)

이 법은 건축물의 대지 · 구조 · 설비 기준 및 용도 등을 정하여 건축물의 안전 · 기능 · 환경 및 미관을 향상시킴으로써 공공복리의 증진에 이바지하는 것을 목적으로 한다.

제2조(정의)

② 건축물의 용도는 다음과 같이 구분하되, 각 용도에 속하는 건축물의 세부 용도는 대통령령으로 정한다.

15. 숙박시설

▣ 건축법 시행령(1978. 10. 30. 대통령령 제9193호로 개정되어 되어 1980. 11. 12. 대통령령 제10062호로 개정되기 전의 것)

제2조 (용어의 정의)

① 이 영에서 사용하는 용어의 정의는 다음과 같다.

16. "용도"라 함은 부표 각항 및 각호에 정하는 용도를 말한다.

[부표]

건축물의 용도는 원칙적으로 다음 각 항 각 호에 따라 분류한다.

⑭숙박시설

1. 여관·여인숙·하숙(학생 또는 직장인의 장기체류를 위한 하숙을 제외한다)
2. 호텔
3. 청소년호텔
4. 자동차 여행자호텔

▣ 건축법 시행령(1980. 11. 12. 대통령령 제10062호로 개정된 것)

제2조 (용어의 정의)

① 이 영에서 사용하는 용어의 정의는 다음과 같다.

16. "용도"라 함은 부표 각항 및 각호에 정하는 용도를 말한다.

[부표]

건축물의 용도분류

⑫숙박시설

1. 일반숙박시설:호텔·여관·여인숙·하숙

2. 관광숙박시설:관광호텔·모텔·유우드호스텔

▣ 건축법 시행령(2009. 7. 16. 대통령령 제21629호로 개정된 것)

제3조의4(용도별 건축물의 종류)

법 제2조 제2항 각 호의 용도에 속하는 건축물의 종류는 별표 1과 같다.

[별표 1] 용도별 건축물의 종류(제3조의4 관련)

15. 숙박시설

가. 일반숙박시설(호텔, 여관 및 여인숙)

나. 관광숙박시설(관광호텔, 수상관광호텔, 한국전통호텔, 가족호텔 및 휴양 콘도미니엄)

다. 고시원(제2종 근린생활시설에 해당하지 아니하는 것을 말한다)

라. 그 밖에 가목부터 다목까지의 시설과 비슷한 것

▣ 숙박업법(1986. 5. 10. 법률 제3822호로 폐지되기 전의 것)

제1조(목적)

본법은 숙박업에 관하여 필요한 시설과 기타의 사항을 규정함으로써 숙박업의 경영을 공공복리에 적합하게 함을 목적으로 한다.

제2조(정의)

① 본법에서 숙박업이라 함은 호텔영업, 여관영업 및 여인숙영업을 말한다.

② 본법에서 호텔영업이라 함은 한국식 또는 서양식의 구조 및 설비로서 고급의 시설을 하여 숙박료를 받아 사람을 숙박하게 하는 영업을 말한다.

③ 본법에서 여관영업이라 함은 한국식 또는 서양식 구조 및 설비로서 보통의 시설을 하여 숙박료를 받아 사람을 숙박하게 하는 영업을 말한다.

④ 본법에서 여인숙영업이라 함은 숙박하는 장소를 주로 다수인이 공용하게 하는 구조 및 설비로서 시설을 하여 숙박료를 받아 사람을 숙박하게 하는 영업을 말한다. 다만, 1월 이상의 기간을 단위로 하여 숙박료를 받고 사람을 숙박하게 하는 영업을 제외한다.

⑥ 본법에서 숙박이라 함은 침구를 사용하여 전각항의 시설을 이용함을 말한다. 끝.

대 법 원

제 2 부

판 결

정본입니다.
2012. 6. 28.
법원사무관 김 정

사 건	2012두4623 학교환경위생정화구역내금지행위등해제신청거부처분취소
원고, 상고인	주식회사 서울 강서구 공항동 대표이사 소송대리인 법무법인 담당변호사 소송대리인 법무법인 담당변호사 원
피고, 피상고인	서울특별시 중부교육지원청 교육장 (변경 전 기관 : 서울특별시 중부교육청 교육장) 소송수행자
원 심 판 결	서울고등법원 2012. 1. 12. 선고 2010누44643 판결
판 결 선 고	2012. 6. 28.

주 문

상고를 기각한다.

상고비용은 원고가 부담한다.

이 유

상고이유(상고이유서 제출기간이 경과한 후에 제출된 상고이유보충서의 기재는 상고이유를 보충하는 범위 내에서)를 판단한다.

1. 헌법 위반 주장에 대하여

가. 학교환경위생정화구역 안에서 호텔시설과 영업을 금지한 학교보건법 제6조 제1항 제13호 중 '호텔' 부분(이하 '이 사건 법률조항')은 학생들의 주요 활동공간인 학교 주변의 일정 지역을 최소한의 범위에서 학교환경위생정화구역으로 설정하여 쾌적한 학교환경을 조성함으로써 청소년들이 건전하고 조화로운 인격을 형성할 수 있게 하고, 정화구역 안에서 숙박업소의 하나인 호텔 시설과 영업을 못하게 함으로써 호텔 안에서 은밀하게 이루어질 수 있는 윤락행위 또는 음란행위, 음란한 물건의 유통, 도박 등의 사행행위 등으로 인한 각종 유해환경으로부터 학생들을 차단·보호하여 학생들의 건전한 육성과 학교 교육의 능률화를 기하고자 하는 것으로서 그 입법목적의 정당성과 방법의 적정성이 인정된다.

또한 이 사건 법률조항에 의하여 호텔 시설과 영업이 제한되는 범위는 학교경계선으로부터 200미터 이내의 학교정화구역 안에 국한되고, 그 구역 중에서도 학교출입문으로부터 직선거리로 50미터까지의 절대정화구역을 제외한 상대정화구역(학교보건법 시행령 제3조) 안에서는 학교환경정화위원회의 심의를 거쳐 학습과 학교보건위생에 나쁜 영향을 주지 아니한다고 인정하는 행위와 시설은 허용될 수 있다(학교보건법 제6조

제1항 단서, 학교보건법 시행령 제5조). 그리고 이 사건 법률조항은 학교환경위생정화구역 안에 소재하는 건물의 용도와 영업의 종류를 일반적으로 광범위하게 제한하는 것이 아니고 "호텔"이라는 특정 용도로 건물을 사용하거나 영업행위를 하는 것만을 제한하는 것이므로, 그 부지나 건물 소유주로서는 토지나 건물의 기능 중 "호텔" 용도의 범위 내에서 사적인 효용성의 일부만을 제한받게 된다.

한편 관광진흥법에 근거한 관광호텔업이 관광여건을 조성하고 관광자원을 개발하며 관광사업을 육성하기 위한 목적에서(관광진흥법 제1조) 일반호텔과는 다른 규제나 혜택을 받고 있고 외국인이나 관광객 등을 주된 고객으로 하여 영업활동을 하고 있으나, 기본적으로 숙박업소의 하나로서 관계 법령에 정한 공중위생영업이나 풍속영업을 영위하는 장소에 속한다는 점에서는 일반 호텔과 다를 바가 없다. 나아가 정화구역 안에서 관광숙박업에 관하여 소정의 절차를 거쳐 관할 행정기관의 장에게 등록을 하면 학교보건법 제6조 제1항에 따른 유흥시설 설치의 인정이나 단란주점영업·유흥주점영업 등의 허가를 받은 것으로 보고 있고(관광진흥법 제18조 제1항 제2호, 제6호, 같은 법 시행령 제21조), 현실적으로 관광호텔이 다양한 부대영업을 하는 과정에서 유흥주점영업과 같이 교육환경에 나쁜 영향을 미칠 수 있는 영업을 하는 경우도 적지 아니하여 학교의 보건위생과 학습환경을 해치는 요인으로 작용하고 있는 점 등에 비추어 보면, 이 사건 법률조항에 의하여 최소한도로 보장하고자 하는 교육환경에 대한 유해성의 측면에서는 관광숙박시설인 관광호텔과 일반숙박시설인 일반호텔 사이에, 나아가 관광호텔의 종류나 등급, 그 운영시설의 규모 등에 따라 본질적인 차이가 있다고 보기 어렵다. 따라서 이 사건 법률조항에 의한 직업선택의 자유 및 재산권의 제한이 그 입법목적 달성을 위하여 필요한 정도를 넘어 과도한 것이라고 할 수 없다. 나아가 정화구역 안에서의 호텔영업을 금지함으로써 토지나 건물의 소유자 내지 호텔 영업자가 입게 될 불이익보다 학생들의 건전한 육성 및 학교 교육의 능률화 등의 공익이 결코 작지 아니하다고 할 것이다.

결국 이 사건 법률조항은 과잉금지의 원칙에 위반되지 아니한다고 할 것이므로 헌법이 보장하는 직업선택의 자유나 재산권을 침해하여 위헌이라는 취지의 상고이유의 주장은 받아들일 수 없다.

2. 이 사건 처분의 재량권 일탈·남용 주장에 대하여

학교보건법 제6조 제1항 단서의 규정에 의하여 교육감 또는 교육감이 지정하는 사람이 학교환경위생정화구역 안에서의 금지행위 및 시설의 해제신청에 대하여 그 행위 및 시설이 학습과 학교보건에 나쁜 영향을 주지 아니하는 것인지의 여부를 결정하여 그 금지행위 및 시설을 해제하거나 계속하여 금지(해제거부)하는 조치는 시·도교육위원회 교육감 또는 교육감이 지정하는 사람의 재량행위에 속하는 것으로서, 그것이 재량권을 일탈·남용하여 위법하다고 하기 위하여는 그 행위 및 시설의 종류나 규모, 학교에서의 거리와 위치는 물론이고, 학교의 종류와 학생 수, 학교주변의 환경, 그리고 위 행위 및 시설이 주변의 다른 행위나 시설 등과 합하여 학습과 학교보건위생 등에 미칠 영향 등의 사정과 그 행위나 시설이 금지됨으로 인하여 상대방이 입게 될 재산권 침해를 비롯한 불이익의 사정 등 여러 가지 사항들을 합리적으로 비교·교량하여 신중하게 판단하여야 한다(대법원 1996. 10. 29. 선고 96누8253 판결, 대법원 2010. 3. 11. 선고 2009두17643 판결 등 참조).

원심은 그 판시와 같은 이유로 이 사건 사업부지에서 호텔 시설 및 영업이 금지됨으로써 원고가 입게 될 불이익을 감안하더라도 학교환경위생정화구역 안에서의 금지해

제 신청을 거부한 이 사건 처분이 재량권의 범위를 일탈·남용하여 위법하다고 볼 수 없다고 판단하였다.

앞서 본 법리에 비추어 기록을 살펴보면, 원심의 위와 같은 판단은 정당한 것으로 수긍할 수 있고, 거기에 상고이유의 주장과 같이 학교보건법상의 금지 해제에 관한 재량권의 법리를 오해하는 등의 위법이 있다고 할 수 없다.

3. 결 론

그러므로 상고를 기각하고 상고비용은 패소자가 부담하기로 하여, 관여 대법관의 일치된 의견으로 주문과 같이 판결한다.

재판장	대법관	김용덕	____________
	대법관	전수안	____________
주 심	대법관	양창수	____________
	대법관	이상훈	____________